SCHWÄBISCHE ALB

Burgen · Schlösser · Ruinen

GERD DÖRR

4

Vom 12. bis 15. und im 18. Jahrhundert erhielt die mächtige Kapfenburg bei Lauchheim ihr Gesicht – es blieb bis heute unverändert. Besitzer der Burg war bis 1809 der Deutsche Ritterorden.

Vorwort

Die Schwäbische Alb, 200 Kilometer lang, 60 Kilometer breit und bis über 1000 Meter hoch, gehört zu den burgenreichsten Gebirgen Deutschlands. Von den rund 375 nachgewiesenen mittelalterlichen Burgen sind knapp 100 zumindest in bedeutenderen Überresten erhalten. Einige wurden im Lauf der Jahrhunderte zu glanzvollen Schlössern umgestaltet, von anderen sind spärliche Spuren vorhanden, und manchmal weisen nur noch Flurnamen darauf hin, daß hier eine Burg gestanden haben muß.

Die Burgen-Ballung in einigen Teilen der Schwäbischen Alb – beispielsweise dem nordwestlichen Albrand und einigen Tälern – könnte eine übergreifende strategische Planung vermuten lassen. Doch diese Vermutung ist nicht haltbar. Viel zu zersplittert waren in den Jahrhunderten des Burgenbaus die Macht- und Besitzverhältnisse. Es fehlten einheitliche Organisationen, um einen großen Generalstabsplan wahrscheinlich zu machen.

Lokale strategische Planungen lassen sich jedoch durchaus nachweisen. Beispielsweise die Abriegelung der Alb im Gebiet der Geislinger Steige, der Schutz von wichtigen Gebirgsübergängen im Bereich von Bad Urach und die Grenzbefestigungen der Zollern an der Donau.

Die meisten Burgen entstanden jedoch einfach deshalb an dieser und keiner anderen Stelle, weil die Landschaftsform – Berge und schroffe Wände – von den Burgenbauern gesucht wurde und ihrem Schutzbedürfnis entsprach.

So ist die eher sanfte Albhochfläche über weite Strecken fast völlig burgenleer, während anderswo eine Burg in Sichtweite der nächsten stand. Im südwestlichen Abschnitt der Alb wurden im Mittelalter in einem 585 Quadratkilometer großen Gebiet 70 Burgen erbaut, also eine auf rund 8,3 Quadratkilometer. An der nordwestlichen Randzone, im Dreieck Reutlingen – Bad Urach – Kirchheim, standen sogar über 60 Burgen auf einem Gebiet von 450 Quadratkilometer!

Höhepunkte aller Burgenherrlichkeit bilden heute jene, die zu Schlössern wurden. Einige glanzvolle Namen haben den Ruf dieser Landschaft in alle Welt getragen: die Schlösser Hohenzollern, Sigmaringen, Donaueschingen oder Baldern beispielsweise und natürlich das Romantik-Schlößchen Lichtenstein. Richtige und beeindruckende Burgen sind etwa noch die mächtige Festung Hohenneuffen, die Teck, die Kapfenburg und die Ritterburg Katzenstein.

Übrigens: Nicht jeder Turm, der auf irgendeinem Berg über den Wald ragt, stammt von einer alten Burg. Und auch nicht jeder »Bergfried« ist ein solcher. Vor allem im 19. Jahrhundert haben der Schwäbische Albverein und Verschönerungsvereine viele Aussichtstürme gebaut – da und dort allerdings auf den Fundamenten alter Burgen.

Dieses Heft führt zu den schönsten Burgen und Schlössern der Schwäbischen Alb, erzählt einiges über Zusammenhänge bei der Entstehung und Entwicklung und will Anregungen geben, dieses immer noch recht wenig bekannte Gebirge mit anderen Augen zu sehen.

Inhalt

*Markante Landmarke an der Autobahn
Stuttgart–München bei Kirchheim:
Burg Teck. Sie entstand wohl vor 1150,
doch ihr heutiges Aussehen erhielt
sie überwiegend vor 100 Jahren.*

Fürsten- und Ritterburgen

Wie die Schwäbische Alb zu ihren Burgen kam, welches die wichtigsten Daten waren, wie die wehrhaften Bauten aussahen, wie es sich darin lebte und schließlich wie aus Burgen im Laufe der Jahrhunderte Schlösser wurden – das schildert im ersten Überblick dieses Kapitel.

Sachsenherzog Heinrich I., deutscher König von 919 bis 936, hatte Probleme mit dem Ansturm der Ungarn, die in jährlichen Raubzügen Deutschland heimsuchten. Um sie zu stoppen, erließ er einen Aufruf zum Burgenbau. In Schwaben und Bayern machte man sich fleißig ans Werk.

Eine zweite Epoche des Burgenbaus setzte im 11. Jahrhundert ein und erreichte im 12. ihren Höhepunkt. Zahlreiche Adelsgeschlechter hatten ihre Macht befestigt. Und das Bedürfnis, sich vom gemeinen Volk abzuheben, ging einher mit dem Wunsch, gesicherte Wohnsitze zu haben. Die unzugängliche Lage der Berge, Felsvorsprünge oder Steilhänge der Schwäbischen Alb trugen diesem Schutzbedürfnis ganz hervorragend Rechnung. Je wohlhabender und mächtiger ein Adelsgeschlecht war, desto prächtiger und stabiler fiel auch die Burg aus. Viele Familien nahmen den Namen ihrer Burg an.

Bald nach der Blütezeit des Burgenbaus setzte bereits das -sterben ein. Nach dem Niedergang der Staufer versuchte manches Adelsgeschlecht, sich am Besitz des Nachbarn zu bereichern; viele Burgen fielen den daraus entstehenden kriegerischen Auseinandersetzungen zum Opfer. Andere wurden von den Nachbarn zerstört, weil die verarmten Besitzer zu Raubrittern heruntergekommen waren und von ihrer Burg aus die Umgebung und vor allem durchziehende Kaufleute terrorisierten.

Weitere Burgen fielen dem Machtkampf zwischen den Reichsstädten und den Territorialherrschaften zum Opfer, vor allem in dem verheerenden Städtekrieg 1449/50. Die Erhebung der Bauern gegen Ausbeutung und Unterdrückung durch den Hochadel führte zu den Bauernkriegen. 1524 und 1525 ging deshalb manche Burg in Flammen auf und wurde danach nicht wiederaufgebaut.

Eine weitere Welle des Burgensterbens brachte der Dreißigjährige Krieg, als nach der Schlacht bei Nördlingen (1634) katholische Kaiserliche das bis dahin protestantische Württemberg überschwemmten und verwüsteten. Schließlich wurden Burgen auch einfach aufgegeben, weil sie im Lauf der Jahrhunderte baufällig geworden waren, den Wohnansprüchen nicht mehr genügten und eine Sanierung zu kostspielig geworden wäre.

Nur wenig Mittelalterliches, aber viele schöne Schlösser

Ein Teil der mittelalterlichen Burgen allerdings wurde bis in die heutige Zeit immer wieder aufgebaut oder modernisiert. Nur wenige blieben dabei in ihrem ursprünglichen Zustand erhalten, wofür eines der schönsten Beispiele wohl Burg Katzenstein auf dem Härtsfeld ist. In vielen anderen Fällen wurden aus den mehr oder weniger erhaltenen mittelalterlichen Burgen prachtvolle Schlösser.

Die wohl bekanntesten Schlösser der Schwäbischen Alb, Lichtenstein und Hohenzollern, die am ehesten der Kindervorstellung des romantischen Ritterlebens oder des Traumschlosses entsprechen, erhielten erst im 19. Jahrhundert ihre jetzige Gestalt.

Für heutige Begriffe war das Leben auf einer mittelalterlichen Burg alles andere als romantisch. Sosehr die unzugängliche Lage der Höhenburgen der Alb auch für Sicherheit sorgte, so schwierig war die Versorgung mit Lebensmitteln und so wenig Platz stand oftmals zur Verfügung.

Meist lebten die Ritterfamilie und ihre Bediensteten recht eng zusammen. Während Knechte und Mägde für das tägliche Brot sorgten, Lebensmittel herbeischafften, Vieh, Schweine, Geflügel und Bienen züchteten, unter primitivsten Verhältnissen backten und kochten, ging der Burgherr auf Jagd oder übte sich im Waffenhandwerk.

An langen Winterabenden muß die Langeweile groß gewesen sein. Nur wenige Ritter konnten sich ab und zu einen Harfespieler oder Minnesänger, einen Jongleur oder Artisten zur Unterhaltung leisten.

Ein Hauptproblem war die Wasserversorgung, die auch bei einer Belagerung aufrechterhalten werden mußte. So gehörten die Brunnen oft zu den aufwendigsten Anlagen auf den Höhenburgen; sie mußten vielfach tief durch das Gestein bis zu einer wasserführenden Schicht getrieben werden. Einige Höhenburgen verfügten deshalb nur über Zisternen, in denen Regen- und Schmelzwasser gesammelt wurden.

Neben dem ritterlichen Wohnbau, dem Palas, stand der Bergfried als zentrales Bauelement der mittelalterlichen Burg meist an der höchsten Stelle der Anlage. Er war Ausdruck der Macht des Ritters und letzte Zuflucht, wenn Feinde die übrigen Gebäude der Burg erstürmt hatten. Der Eingang zum Bergfried lag deshalb nicht auf ebener Erde, sondern viele Meter über dem Boden. Über Leitern flüchteten sich die Bewohner der Burg in den mit

Rechts: Ein willensstarker Mann, von dem als Burgenbauer und Landesherr in den folgenden Kapiteln immer mal die Rede sein wird: Herzog Ulrich von Württemberg (1487–1550). Den Holzschnitt schuf um 1545 Hans Brosamer.

Von Gottes genaden Ulrich Herzog zu Wirtemberg und Tegk. Graff zu Wümpelgarten etc.

Lebensmitteln und Wasservorräten hoffentlich gut gefüllten Bergfried, zogen die Leitern ein und versuchten, die Belagerung zu überstehen. Manche Brunnen waren deshalb im Bergfried abgeteuft. Bei den ganz frühen Burgen aus dem 10. und 11. Jahrhundert befanden sich sogar die Wohnräume des Burgbesitzers noch im Bergfried.

Mit den Stauferkaisern begann die große Zeit des Burgenbaues

Während die Burgen des 10. und 11. Jahrhunderts meist recht einfach aus Holz und Palisaden errichtet wurden, begann mit dem Aufstieg der Staufer zum bedeutenden mittelalterlichen Geschlecht auch die große Zeit des Burgenbaues. Zunächst entstanden unter Kaiser Friedrich I. Barbarossa (Regierungszeit 1152 bis 1190) und

seinem Sohn Heinrich VI. die großen Kaiserburgen, etwa Wimpfen, Trifels oder Hagenau. Unter Kaiser Friedrich II. (1212 bis 1250) setzte dann geradezu ein Bauboom bei den Burgen auch auf der Schwäbischen Alb ein. Jedes Adelsgeschlecht und jede Ritterfamilie, die dazu in der Lage war, baute eine mächtige Steinburg. Dicke Mauern, gewaltige Türme, oft in vollendeter künstlerischer und architektonischer Form, kennzeichnen die Burgen in der ersten Hälfte des 13. Jahrhunderts.

Der Reichtum an Steinen auf der Schwäbischen Alb trug dazu bei, daß viele der staufischen Burgen besonders massiv gebaut werden konnten. Oft hat man einen Burggraben ausgehoben und den Aushub gleich zum Bau der Burg verwendet. Damals wurden Burgen erstürmt. Die Mauern konnten deshalb nicht hoch genug sein, und möglichst wenige Öffnungen waren ebenfalls vorteilhaft.

Neben der außergewöhnlich präzisen Mauertechnik, bei der die Kante jedes Gebäudes und jedes Turms so sauber bearbeitet ist, daß man noch heute das Lot daran halten kann, tritt an den staufischen Burgen als »Markenzeichen« der Buckelquader auf: Die Steine wurden so behauen, daß sie nach außen eine mehr oder weniger kräftige Wölbung bekamen, den Buckel. In den meisten Fällen haben alle Steine der Außenmauern solche Buckel, während die Innenmauern glatt sind; manchmal sind nur einzelne Buckelquader versetzt angebracht.

Diese Mauertechnik, die uns heute ästhetisch besonders schön erscheint, hatte wahrscheinlich einen rein verteidigungstaktischen Zweck: Beim Angriff von unten nach oben mußten Leitern eingesetzt werden, die sich aber nur an einer glatten Wand hochschieben ließen. Gegen die überall vorstehenden buckeligen Steine hatten es die Angreifer mit ihren Leitern erheblich schwerer. Nach dem Abklingen der staufischen Burgenbauzeit kamen auch die Buckelquader fast völlig aus der Mode.

Mit der Enthauptung Konradins in

Neapel 1268 erlosch das staufische Kaisergeschlecht und mit ihm die bedeutendste Phase des Burgenbaus – nicht nur auf der Schwäbischen Alb. Mehr als ein Jahrhundert lang wurden nur noch vereinzelte Burgen oder Adelssitze neu gebaut, zerstörte oder beschädigte in modernerer Form wiederhergestellt.

Aus den Höhenburgen entstand ein Festungsgürtel

Nach dem Niedergang der Staufer konnten sich die Grafen von Württemberg mehr und mehr Einfluß und Ländereien sichern, sie besiegten 1388 die Städte und erhielten 1495 den Herzogstitel. Eine ungewöhnlich dramatische Phase war die Regierungszeit von Herzog Ulrich, die mit Unterbrechungen von 1498 bis 1550 dauerte. Ulrich war eine kantige Gestalt, zunächst Liebling des Kaisers, dann sein Gegner, ein gewalttätiger und expansiver Landesherr, streitsüchtig und aufbrausend, schließlich von allen Verbündeten verlassen und 1519 von seinen Gegnern vertrieben. Nach mehrjährigem Exil in Mömpelgard, dem heutigen Montbéliard in Frankreich, gelang es Ulrich schließlich 1534, sein Land zurückzugewinnen.

Schloß Haigerloch, einst eine Hohenzollern-Residenz mit Anfängen um 1200, hat eine bewegte Geschichte hinter sich und ist heute unter anderem ein Schloßhotel.

Er führte danach in Württemberg die Reformation ein, kassierte den Besitz der Klöster und finanzierte damit den Ausbau von Landesfestungen. Denn die rund 50 ehrwürdigen Höhenburgen, die das alte württembergische Verteidigungssystem bildeten, waren unbrauchbar – da allesamt überrannt – geworden.

Herzog Ulrich wählte fünf Höhenburgen und zwei Städte aus und bildete damit einen Festungsring rund um sein Kernland. Es handelte sich um die Burgen Hohenasperg, Hohenneuffen, Hohenurach, Hohentübingen, Hohentwiel sowie die Städte Schorndorf und Kirchheim. Auf Hohenneuffen, Hohenurach, Hohentübingen und Kirchheim gehen wir ausführlich ein, die anderen liegen außerhalb des in diesem Buch beschriebenen Gebiets.

Herzog Ulrichs Sohn Christoph setzte den Ausbau der Landesfestungen fort. Seine historische Leistung war es, Württemberg zu einem neuzeitlichen Staat zu machen, veraltete Traditionen zu überwinden und Ordnungen zu entwickeln, die Staat und Gesellschaft für Jahrhunderte prägen sollten.

Sein teuerstes »Hobby« war der Bau von Schlössern. In Stuttgart entstand seine Residenz neu – das heutige Alte Schloß –, in mehreren Städten und auf dem Land wurden Schlösser gebaut. Beispielsweise in Göppingen und Grafeneck sowie außerhalb der Schwäbischen Alb in Brackenheim, Neuenbürg, Leonberg oder Waldenbuch. Soweit sie erhalten blieben, sind diese Schlösser die markantesten Bauzeugen der Renaissance in Württemberg: mehrflügelige, geschlossene Anlagen um einen Innenhof. Sie wirken nach außen schwer und monumental, sind innen jedoch durch Galerien belebt und mit Portalen, Fenstern, Wendeltreppentürmen, Ecktürmchen und Giebeln verziert und kunstvoll gestaltet.

Die bekannteste Hohenzollern-Burg ist das heutige Schloß auf dem namengebenden Berg bei Hechingen. Das Ziel von alljährlich fast einer halben Million Besuchern vermittelt Burgenromantik – aus dem vorigen Jahrhundert.

Rechts: Die dritte Hohenzollern-Linie errichtete im Lauf der Jahrhunderte Schloß Sigmaringen über der Donau. Bedeutende Waffen- und Kunstsammlungen lohnen den Besuch.

Diese Landesresidenzen waren nicht nur Liebhaberei, sondern auch politisch motiviert. Sie ermöglichten dem Landesherrn räumliche Beweglichkeit und waren Zeugen fürstlicher Präsenz im gesamten Herzogtum. Sie waren Symbole der staatlichen Gewalt und der neuen Ordnung, die den Bürgern übrigens sehr viel mehr Rechte und Rechtssicherheit gab als jemals zuvor.

Quer über die Schwäbische Alb von der Donau bis zum Neckar zieht sich als schmaler Streifen Hohenzollern, das bis 1933 eine gewisse politische Eigenständigkeit behalten konnte und eigentlich erst mit der Gründung des Landes Baden-Württemberg 1952 in dem neuen Staatsgebilde aufging. Die Bedeutung der Zollern liegt nicht in der Größe des Landes, sondern in der Rolle, die von den verschiedenen Zweigen des Hauses im Lauf der Geschichte gespielt wurde.

Aus dem fränkischen Zweig der Hohenzollern gingen über Nürnberg und Brandenburg im 18. Jahrhundert preußische Könige und schließlich 1871 deutsche Kaiser hervor. Schon 1061 wurde das Geschlecht erstmals genannt, gewann rund um Hechingen rasch ansehnlichen Besitz, den es allerdings 1170 an die verwandten Grafen von Hohenberg verlor.

Während der Aufstieg der Nürnberger Linie unaufhaltsam fortschritt, verschlechterte sich die Lage der schwäbischen Grafschaft. Es kam zu verschiedenen Landesteilungen und Wiedervereinigungen. Doch gerade die Landesteilung von 1575/76 in die drei Linien Hohenzollern-Hechingen, Hohenzollern-Sigmaringen und Hohenzollern-Haigerloch schuf neue Residenzen, deren bauliche Blütezeit drei besonders schöne Schlösser hervorbrachte: Hohenzollern, Schloß Sigmaringen und Schloß Haigerloch.

Napoleon sorgte für die Ausweitung von Hohenzollern-Sigmaringen

Seit dem 17. Jahrhundert tritt die Linie Sigmaringen deutlich in den Vordergrund. In der napoleonischen Zeit verhinderte zunächst Preußen die Aufhebung der Fürstentümer. Daß bei der Neuordnung Europas durch Napoleon 1803 und 1806 Hohenzollern selbständig blieb und Hohenzollern-Sigmaringen sogar um das Doppelte vergrößert wurde, ist Napoleons Gattin Joséphine Beauharnais zu verdanken: Sie war mit der Gattin des hohenzollerischen Fürsten Anton Aloys, der Prinzessin Salm-Kylburg, persönlich befreundet.

Erst 1849 mußten die Fürsten von Sigmaringen und Hechingen – die Haigerlocher Linie war ausgestorben und an Sigmaringen gefallen – ihre Lande durch Vertrag an Preußen abgeben. 1933 wurde Hohenzollern dem Reichsstatthalter in Stuttgart unterstellt, 1945 durch die französische Besatzungsmacht mit dem südlichen Teil Württembergs zum Land Württemberg-Hohenzollern vereinigt, das im Jahr 1952 in Baden-Württemberg aufging.

Zwischen den Territorialherrschaften Württemberg, Hohenzollern und Hohenberg – dem späteren Vorderösterreich – konnten sich sozusagen als Puffer über Jahrhunderte kleinere Ritterschaften halten. Sie waren zwar mal von der einen, mal von der anderen Seite in irgendeiner Weise abhängig und oft genug auch Zankapfel zwischen den verschiedenen Parteien, trotzdem blieben einige lange unabhängig.

Zu diesen »Unabhängigen« gehörten unter anderem die Ritter von Ow mit Schlössern in Hirrlingen und Wachendorf, außerdem Weitenburg und Hohenmüringen. Auch im Nordosten der Schwäbischen Alb hielten sich in gewissen Freizonen zwischen württembergischem und bayerischem Einfluß einige Herrschaften.

Mächtige Herren:

Staufer und Rechberger

Rund zwei Jahrhunderte währte die Macht der Staufer. Zu ihrer Zeit blühte der Burgenbau, doch von ihrer Stammburg Hohenstaufen ist wenig erhalten. Die Grafen von Rechberg, treue Anhänger der Staufer, standen im Burgenbau nicht nach: Hohenrechberg, Scharfenschloß, Ramsberg oder Weißenstein bauten oder übernahmen sie. Auch das Grafengeschlecht der Helfensteiner war schon zur Stauferzeit mächtig.

Woher die Staufer kommen, darüber gibt es verschiedene Theorien. Eine der gängigsten nennt als Wiege des bedeutendsten mittelalterlichen Geschlechts das Wäscherschlößchen bei Wäschenbeuren. Denn im Stammbaum von Kaiser Friedrich I. Barbarossa taucht ein Friedrich von Büren auf, dessen Sohn, der Großvater Barbarossas, den Hohenstaufen erbaute und sich nach diesem Berg nannte. Und bei »Büren« schließen Historiker auf das heutige Wäschenbeuren.

Wer dort die erste Burg erbaute und wann dies war, ist nicht bekannt. Die heutige Anlage stammt eindeutig aus der Stauferzeit und dürfte etwa um 1200 entstanden sein. Ganz typisch für diese Bauepoche sind die Buckelquader an der gut erhaltenen Ringmauer und am Wohngebäude.

Durch ein Tor an der Ostseite betritt man die Burganlage und befindet sich sogleich im trapezförmigen Innenhof, dessen gegenüberliegende Seite das kleine Schlößchen bildet. Dieser Wohnbau ist nur etwa 25 Meter lang und noch nicht einmal zehn Meter

breit. Mit diesen Maßen ist er kein glanzvolles, großes Schloß, sondern eher ein Kleinod. Das rund sechs Meter hohe Untergeschoß besteht aus den schon erwähnten Buckelquadern, darüber erheben sich zwei Stockwerke in Fachwerkkonstruktion aus dem 15. und 17. Jahrhundert.

Das Innere des Palas ist heute als Museum eingerichtet. Neben alten Gebrauchsgegenständen aus dem täglichen Lebensbereich widmet sich die Dauerausstellung vor allem der Geschichte der Staufer. Baulich besonders schön ist der spätgotische Fenstererker mit eichener Außenwand im ersten Stockwerk. Wie klein das Schlößchen ist, wird im zweiten Obergeschoß deutlich, das nur einen einzigen Raum umschließt.

Was es mit dem Namen »Wäscher« auf sich hat, ist unklar. Nach einer Lesart soll sich hier die spätere kaiserliche Hofwäscherei der Staufer befunden haben. Eine andere Version spricht von einer Geliebten Kaiser Barbarossas, die Wäscherin war und von ihm die Burg geschenkt bekam.

Trotz mehrfachen Besitzwechsels über die Jahrhunderte blieb das Schlößchen in seinen wesentlichen Bauteilen erhalten, wurde nie zerstört, allenfalls modernisiert. Seit 1857 gehört es dem Land, seit 1960 wird es von der Vereinigung der Freunde des Wäscherschlosses als Pächter betreut.

Obwohl der Hohenstaufen wie ein

Das sind die Reste der einst eindrucksvollen Hohenstaufen-Burg, deren Baugeschichte vor 1079 begann. Von dem Hohenstaufen, einem Zeugenberg der Schwäbischen Alb, hat man einen guten Blick weit ins Land.

Vulkankegel aussieht, ein feuerspeiender Berg war er keinesfalls. Er gehörte einmal zum Massiv der Schwäbischen Alb, die auf der Nordwestseite rasch abgetragen wurde. Der Hohenstaufen und einige andere Felsklötze widerstanden jedoch der Erosion und blieben stehen. Heute nennt man sie die »Zeugenberge«, die von dem einstmaligen Ausmaß der Schwäbischen Alb zeugen.

Hohenstaufen: 1079 erbaute, doch selten besuchte Stammburg großer Kaiser

Dieser Berg schien Friedrich von Büren gerade richtig, sich eine Burg zu bauen und sein Geschlecht dann nach dem Namen des Bergs Hohenstaufen

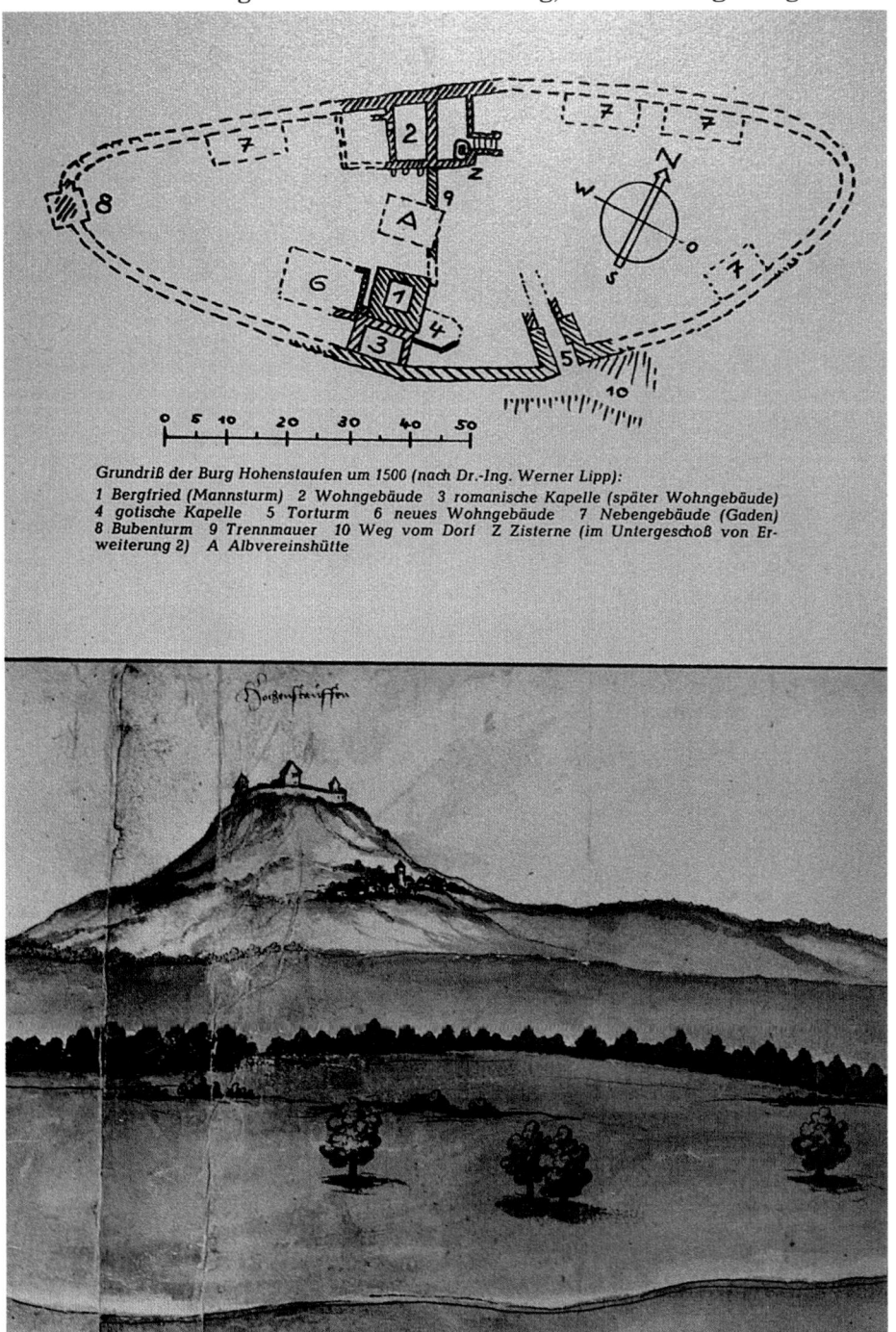

Grundriß der Burg Hohenstaufen um 1500 (nach Dr.-Ing. Werner Lipp):
1 Bergfried (Mannsturm) 2 Wohngebäude 3 romanische Kapelle (später Wohngebäude) 4 gotische Kapelle 5 Torturm 6 neues Wohngebäude 7 Nebengebäude (Gaden) 8 Bubenturm 9 Trennmauer 10 Weg vom Dorf Z Zisterne (im Untergeschoß von Erweiterung 2) A Albvereinshütte

zu nennen. Das war vor 1079, denn in diesem Jahr wurde Friedrich mit dem Herzogtum Schwaben belehnt. Und nun begann der steile Aufstieg der Staufer, der freilich nach großartigen Höhepunkten schon kaum zwei Jahrhunderte später zum endgültigen Aus führte.

Ihre Stammburg sahen die Stauferkaiser wegen ihrer weltweiten Pläne nur selten. Nur von Kaiser Friedrich I. Barbarossa ist gesichert, daß er sich 1181 auf dem Hohenstaufen aufhielt, vielleicht sogar ein zweites Mal.

Nach dem Untergang der Staufer brach in Deutschland eine weitgehend gesetz- und herrenlose Zeit aus, das sogenannte Interregnum. Diese Gelegenheit nutzten die Grafen von Württemberg, sich der Burg und größerer Besitztümer zu bemächtigen, und erhielten sie später auch rechtmäßig zugesprochen. Strategisch verlor die Burg an Bedeutung. Im Bauernkrieg haben sie 1525 rund 300 Bauern gestürmt, geplündert und in Brand gesteckt. Dreißig Jahre später wurden die Ruinen teilweise niedergerissen.

1736 sollte auf dem Hohenstaufen eine neue Festung gebaut werden. Ähnlich wie auf dem Hohenneuffen und auf der Teck wollte Herzog Karl Alexander ein mächtiges Festungswerk anlegen. Dazu wurde zunächst die ovale Gipfelfläche mit den Resten der 130 mal 50 Meter großen Burg eingeebnet. Noch ehe mit dem Neubau begonnen werden konnte, starb 1737 Karl Alexander. Die Baupläne wurden nicht weiterverfolgt.

Erst hundert Jahre später erinnerte man sich unter dem Eindruck der Romantik wieder an die große Vergangenheit des Bergs. Pläne für ein Denkmal tauchten auf, doch erst ab 1936 begann man ernsthaft damit, die spärlichen Reste der Grundmauern und der Befestigungsanlagen freizulegen. Sie wurden von 1967 bis 1971 so instand gesetzt, daß sie betreten werden können. Noch heute vermitteln die Burgreste einen Eindruck von der einst gewaltigen Größe der Burg. Ein kleines Museum am Fuß des Bergs informiert über die Burg und die Geschichte der Staufer.

Aus den Steinen der Burg Hohenstaufen entstand das Stadtschloß in Göppingen

Schon erwähnt wurde die liebste Nebenbeschäftigung des württembergischen Herzogs Christoph: der Bau von Schlössern. Auch Göppingen erhielt während seiner Regierungszeit ein neues Schloß. An der Stelle einer früheren Burg wurde von 1557 bis 1569, teilweise mit Steinen der Ruine Hohenstaufen, das Schloß gebaut und mit einem Wassergraben umgeben. Der Herzog wohnte nach Fertigstellung häufig im Schloß, es war lange Zeit auch Witwensitz württembergischer Fürstinnen. Trotz Erstürmung

Links: Die historische Darstellung und der rekonstruierte Grundriß zeigen die Burg Hohenstaufen um das Jahr 1500. 1525 wurde sie geplündert und in Brand gesteckt, dreißig Jahre später teilweise niedergerissen.

Behörden haben heute ihren Sitz im Göppinger Stadtschloß. Der Renaissancebau, den Herzog Christoph 1569 errichten ließ, war auch Witwensitz württembergischer Fürstinnen.

überstand es den Dreißigjährigen Krieg. Seit 1839 sind verschiedene Behörden darin untergebracht.

Durch das prächtige Renaissance-Portal mit Hirschen, Löwen und einem Drachenpaar betritt man den Innenhof mit seinen charakteristischen Treppentürmen an den Ecken. Der südwestliche Eckturm enthält die berühmte »Rebenschnecke« von 1562, eine Wendeltreppe, die von den Ranken, Blättern und Trauben eines knorrigen Rebstocks aus Stein getragen wird – ein Prachtstück der deutschen Renaissance. Während der Öffnungszeiten der Behörden kann dieser Treppenturm betreten werden.

1536 bauten die begüterten Freiherrn von Liebenstein in Göppingen ein kleines Schlößchen mit zwei steinernen Sockelgeschossen und vier Fachwerkstockwerken. Es überstand un-

versehrt einen großen Stadtbrand und wurde im 19. Jahrhundert Sitz einer Weinwirtschaft. Dort gründete 1860 eine Gruppe Zecher einen geselligen Verein mit dem Namen »Storchiana«. Seitdem ist das Schlößchen an der Grabenstraße unter dem Namen »Storchen« bekannt.

Seit 1938 gehört es der Stadt Göppingen, die dort ihr Stadtmuseum einrichtete. Besonders sehenswert – und

Nur eine Kopie, aber dennoch sehenswert: das Cappenberger Kopfreliquiar Kaiser Barbarossas, das um 1160 entstand. Es ist zu bewundern im Göppinger Staufermuseum »Storchen«.

Rechts: Im südwestlichen Treppenturm des Göppinger Stadtschlosses befindet sich eine wunderschöne Wendeltreppe, die wegen ihrer Ornamentik »Rebenschnecke« genannt wird.

damit sind wir wieder bei den Staufern – ist die Stauferhalle mit wertvollen Stücken zur Geschichte und Kunst der Staufer. Und bedeutend ist das Kopfreliquiar von Kaiser Barbarossa in Cappenberg, das um 1165 entstand.

Stammsitz der mächtigen Grafen von Rechberg

Während die Staufer nach dem Griff zur Weltmacht untergingen, haben ihre vielleicht treuesten Anhänger, die Grafen von Rechberg und Rothenlöwen, in einer Linie bis heute die Jahrhunderte überstanden. Den Hohenrechberg verkauften sie erst 1986, andere Schlösser und Ländereien sind noch in ihrem Besitz. Historisch lassen sich die Rechberger bis 1179 zurückverfolgen, als ein Ulrich von Rechberg auf der Burg Hohenrechberg saß. Er war zehn Jahre später schon Kastellan des Hohenstaufen und nach weiteren fünf Jahren Marschall des Herzogtums Schwaben.

Aus dieser frühen historischen Zeit gibt es an der Ruine Hohenrechberg keine Bauteile mehr. Dagegen sind drei oder vier spätere Bauepochen nachzuweisen, die älteste aus dem frühen 13. Jahrhundert. Schon damals muß die Burg stark befestigt worden sein, denn sie wurde zwar mehrfach angegriffen, aber nie eingenommen.

Die Ruine liegt auf einem Felsklotz am Hang des Rechbergs, dessen Gipfel von einer barocken Wallfahrtskirche gekrönt wird. Eine steinerne Brücke führt vom Berghang über einen Sattel zur Vorburg, von wo statt der einsti-

gen Zugbrücke heute eine Holzbrücke den tiefen Graben zur Hauptburg überspannt. Neben dem Haupttor erreichen Fußgänger die Ruine durch eine kleine Öffnung, das sogenannte Schlupfloch. Dieser noch gut erhaltene Torbau stammt aus dem 15. Jahrhundert.

Über einen Wehrgang gelangt man zu einem runden Verteidigungsturm mit Schießscharten und Gußlöchern für siedendes Pech. An der Zwingermauer entlang – dem ältesten, staufischen Bauteil – geht es zur Hauptburg mit dem inneren Tor, hinter dem der dreieckige Lichthof liegt. An ihn schloß sich das Herrenhaus mit Arsenal an. Durch ein weiteres Tor wird der innere Burghof erreicht, in dem eine Kastanie Schatten spendet. Rundum erstrecken sich die Reste der Wohngebäude. Das östliche Herrenhaus mit mehrgeschossigen Außenmauern stammt aus dem 15. und 16. Jahrhundert. Über einen Teil der Außenmauern führt ein Umgang, von dem aus der Besucher eindrucksvolle Ausblicke zum Hohenstaufen und auf die Mauer der Schwäbischen Alb hat. Im rekonstruierten Wehrgang bekommt man einen Eindruck von der Wehrtechnik des Mittelalters.

Nicht nur bei Kaisern und Königen, auch bei den Bauern standen die Rechberger in hohem Ansehen. Während viele umliegende Burgen im Bauernkrieg zerstört wurden, blieb der Rechberg verschont. Ein Mitglied der Familie wurde von den Bauern sogar als Schlichter vorgeschlagen. Vielleicht lag dies daran, daß Bauernführer Götz von Berlichingens Tochter

mit einem Rechberger verheiratet war.

Im Verlauf der unruhigen Zeiten im 16. Jahrhundert wurde die Burg einmal dem Haus Württemberg kampflos übergeben, später jedoch den Rechbergern zurückerstattet. Auch im Dreißigjährigen Krieg wechselte die Burg ohne Zerstörungen kurzfristig ihre Besitzer. Schon vorher hatte sie der Familie Rechberg nicht mehr als Wohnsitz gedient, sondern wurde von Vögten und Verwaltern bewirtschaftet.

Was Kampf und Krieg in Jahrhunderten nicht zerstörten, schaffte ein Wintergewitter 1865 in einer Nacht: Ein Blitzschlag setzte Burg Hohenrechberg in Brand und vernichtete sie bis auf die Vorburg. Demselben Gewitter fiel übrigens einige Stunden später ein Turm der Nürnberger St. Lorenz-Kirche zum Opfer. Der Hohenrechberg ist seither Ruine, die eindrucksvoll von der einstigen Macht und Herrlichkeit kündet.

Weitere Rechberger-Bauten: Stadtschloß in Donzdorf und das stattliche Scharfenschloß

Mitten in Donzdorf bauten die Grafen von Rechberg im 16. Jahrhundert ein schmuckes Stadtschloß, das sie noch heute bewohnen und von wo aus die Rechbergschen Besitztümer verwaltet werden. Der Innenhof wird von drei ungleichartigen Flügeln begrenzt. Den rechten Flügel bildet das alte Schloß, an das sich östlich das sogenannte Rentamtsgebäude anschließt. Auf der linken Seite liegt das neue Schloß, das jedoch bis fast zur Hälfte hinter dem Küchenbau verschwindet, der altes und neues Schloß verbindet. Auf der Rückseite des Hofs liegt ein langgestrecktes Ökonomiegebäude, nach links geht es in einen großen, mauerumgebenen Englischen Park. Außen ist der rechte Flügel durch einen Übergang mit der Kirche verbunden.

Das alte Schloß hat ein gemauertes Erdgeschoß; erster und zweiter Stock sowie Giebel sind in Fachwerk ausge-

Links: Im Göppinger »Storchen« zu sehen: die von Kaiser Friedrich II. Barbarossa seit 1231 geprägten Münzen Augustalis (oben) und schöne Kreuzfahrermünzen (unten), ebenfalls aus dem 13. Jahrhundert.

führt. Das neue Schloß tritt dagegen trotz der Überschneidung mit dem sogenannten Küchenbau als prächtiger Renaissance-Baukörper mit Ecktürmen hervor.

Bei der Renovierung 1971 entdeckte man am Erdgeschoß eine gemalte rote Putzquaderung, typisches Stilmittel der Renaissance. Sie wurde wiederhergestellt. An der Mitte der Längsseite gegen den Hof blieb das alte Prachtportal erhalten, in dessen Aufsatz zwei einander zugewandte Rechbergsche Vollwappen zu sehen sind. Die Längsseite zum Park hat vor dem mittleren Doppelportal einen Vorbau auf Pfeilern, darüber einen Balkon mit gemauerter Steinbrüstung. Der neugotische Brunnen im Innenhof entstand 1857. Die Räume des Schlosses sind bewohnt oder mit Büros belegt. Frei zugänglich sind jedoch tagsüber Schloßhof und -park.

Scheinbar unbebaut wirkt der buchenbewachsene Bergkegel, der sich oberhalb von Donzdorf über das hügelige Land erhebt. Tatsächlich birgt sein Gipfel jedoch die stattliche Ruine des Scharfenschlosses, das bis zur Fertigstellung des Donzdorfer Schlosses 1568 als Residenz der Rechbergschen Hauptlinie diente. Schon 1153 wurden die freiadligen Herren von Scharfenberg erwähnt. Zu Beginn des 14. Jahrhunderts befindet sich die Burg im Besitz der Rechberger.

Die einstige mittelalterliche Wehranlage mußte im 15. und 16. Jahrhundert einem mehrstöckigen Wohnschloß weichen. Als die Grafen von Rechberg dann ihr Schloß in Donzdorf bezogen, wurde das Scharfenschloß nur noch von Burgvögten, einem Burgkaplan und schließlich von einem Jäger bewohnt. Anfang des 19. Jahrhunderts zogen die letzten Bewohner nach Donzdorf.

Erst in jüngster Zeit sind die Scharfenschloßreste gesichert worden. Ein dreistöckiges Gebäude, dessen Giebelseiten zwei Erker und ein Renaissanceportal zieren, ist noch bis zur Giebelhöhe erhalten. Im Inneren kann es über einen Holzturm bestiegen werden. Von den gegenüberlie-

genden Gebäuden mit gotischen Eingängen steht nur noch eine Giebelseite. Wiederhergestellt wurde ein quadratischer, einst Wohnzwecken dienender Turm, der jedoch verschlossen ist. Im romantischen Innenhof der Ruine hält der Schwäbische Albverein Donzdorf alljährlich eine stimmungsvolle Sonnwendfeier ab.

Am unteren Ortsende des heutigen Donzdorfer Teilorts Winzingen wurde um 1610 ein dreigeschossiges Schlößchen erbaut, das heute die Gräflich Rechbergsche Forstverwaltung beheimatet. Der Hof kann betreten werden, rechts und gegenüber dem Tor liegen Wirtschaftsgebäude, links erhebt sich das Schloßgebäude mit seinen rotweiß gestrichenen Fensterläden.

Ungelüftetes Geheimnis um die Säulenhalle von Schloß Ramsberg

Auf einer Anhöhe über Donzdorf, einem Ausläufer des Rehgebirges, ragt das mächtige Giebelgebäude von Schloß Ramsberg über den Wald. Sein Ursprung liegt im dunkeln; man weiß nur, daß 1260 ein Freier Herr Chunradis von Ramsperg dort residierte. In

Mauerreste mit Fensteröffnungen – mehr steht nicht vom Palas der mächtigen Burg auf dem Hohenrechberg, die zwar oft angegriffen, aber nie erobert wurde.

den folgenden Jahrhunderten ging es bei den Besitzern von Ramsberg drunter und drüber. Die Spur der Familie der Ramsperg verliert sich; verschiedene Besitzer wurden genannt, und ab 1328 übernahmen die Rechberger die Burg erstmals und nach einem späteren Weiterverkauf 1809 zum zweiten Male. Seit 1972 hat das Schloß einen neuen Besitzer.

Die ursprüngliche Ritterburg aus der

Noch als Ruine ist Hohenrechberg eine beeindruckende Burganlage. Im Vordergrund ist der außerordentlich gut erhaltene Torbau aus dem 15. Jahrhundert zu erkennen.

Übergangszeit vom romanischen zum gotischen Baustil wurde um 1525 im Bauernkrieg zerstört. Kurz danach begann der Wiederaufbau, wobei man einige Teile des mächtigen Herrenhauses aus der ursprünglichen Burg mitverwendete. Der dreieckige Burghof wurde von einer starken Mauer umgeben; über den Graben, der die Schloßanlage von dem dahinterliegenden Höhenzug trennt, führt eine Bogenbrücke. Zwar präsentiert sich das heutige Schloß im Renaissance-Baustil der Wiederaufbauzeit, es handelt sich aber um einen reinen Zweckbau ohne kostspieligen Schmuck außen oder innen.

Einen im weiten Umkreis einmaligen Schatz birgt jedoch der Schloßkeller: ein frühgotisches Gewölbe von der er-

sten Burg und damit mindestens 300 Jahre älter als die darüberliegenden Schloßgebäude aus dem 16. Jahrhundert.

Keller ist eigentlich völlig untertrieben, denn es handelt sich um einen mächtigen Unterbau, ein Zeugnis für die hohe ritterliche Kultur der Stauferzeit. Vom Hof aus geht man einige Stufen zum Gewölbe hinab und betritt eine dreischiffige Säulenhalle. Zwölf Halbsäulen an den Wänden und vier Säulen im Raum tragen das noch romanisch-gedrückt wirkende Gewölbe mit Rundbogen. Doch die Gewölbeabschlüsse lassen schon die ersten Zeichen der himmelwärts strebenden gotischen Bauepoche erahnen.

Über die ursprüngliche Bedeutung des Gewölbes können sich die For-

scher noch nicht einigen. Nach der gegenwärtig verbreitetsten Deutung handelt es sich um eine »Dürnitz«, einen Aufenthaltsraum für die Burgmannschaft. Ein anderer Autor glaubt, daß in dieser Untergeschoßhalle wertvolle Tiere eines Gestüts gehalten wurden. Da es jedoch keine Möglichkeiten für Feuerstellen oder für einen ebenerdigen Zugang gab, lehnt eine dritte Version die beiden anderen ab und behauptet, es handle sich um ein sakrales Gewölbe. Diese Meinung stützt sich darauf, daß auf den Rundbogen des Kreuzrippengewölbes in regelmäßiger Anordnung frühgotische Kreuze eingemeißelt sind und daß der dreischiffige Raum Ähnlichkeit mit anderen sakralen Gewölben aus frühchristlicher Zeit hat, beispielsweise in Ellwangen.

Jahrhundertelang diente das Gewölbe als Lagerraum für die unterschiedlichsten Zwecke. Erst in den vergangenen Jahrzehnten wurde es ausgeräumt. Es kann nach Voranmeldung besichtigt werden; das Schloß selbst ist bewohnt und nicht öffentlich zugänglich.

Blickpunkt über dem Filstal: Ruine Staufeneck

Kaum zwei Kilometer von Schloß Ramsberg entfernt erhebt sich auf dem gleichen Höhenrücken über den Tälern von Fils und Lauter ein mächtiger Rundturm: Schon von weitem ist Ruine Staufeneck sichtbar. Sie gilt als Musterbeispiel einer staufischen Dienstmannenburg, die von den Hohenstaufen zum Schutz ihrer Interessen im ganzen Land errichtet wurden. Der runde Bergfried und das spätromanische Mauerwerk lassen eine Datierung vor 1200 nicht zu.

Erst 1257 nennt sich ein niederadliges Geschlecht nach der Burg: die Herren von Staufeneck. Sie dürften der Burgmannschaft der Hohenstaufen entstammen. Daran erinnert nicht nur der Name Staufeneck, sondern auch das Wappen des Geschlechts, wie das hohenstaufische ist es von einem Löwen geziert. Allerdings könnte dieses

Links: Am Hang des Rechbergs, auf den eine Straße hinaufführt, liegt Burg Hohenrechberg. Hier geht der Blick auf den Wehrgang und einen Verteidigungsturm mit Schießscharten und Gußlöchern für siedendes Pech.

Sehenswert: das Stadtschloß der Rechberger in Donzdorf; im Vordergrund das Renaissancegebäude. Den Hof begrenzen dann noch Küchenbau und sogenanntes altes Schloß.

Wappentier auch ein Hinweis darauf sein, daß es sich bei den Herren von Staufeneck um nichteheliche Nachkommen der Staufer handelt. Das würde auch erklären, warum ein zunächst unbekannter, unbedeutender Mann eine so repräsentative Burg bauen konnte.

Im Mittelpunkt der Burganlage steht der gewaltige Bergfried, der noch heute über 26 Meter hoch ist, im Durchmesser zehn Meter mißt und drei Meter mächtige Mauern hat. Dieser gewaltige Rundturm ist noch sorgfältiger gemauert als das Herrenhaus. Darin zeigt sich ein wesentliches Element des staufischen Burgbaus, der im Wehrturm nicht nur einen Zweckbau sah, sondern einen gestalterischen Teil des Gesamtbaukörpers. Damit sollten sich militärische Kraft und architektonische Gestaltung gleichermaßen dokumentieren und die Wirkung steigern.

Erst im 15. Jahrhundert wurde diesseits des Burggrabens, den die Besucher der Ruine auf einer Holzbrücke überqueren, eine weniger stark befestigte Vorburg angelegt. Die heute noch erhaltenen Wirtschaftsgebäude dieser Vorburg stammen aus dem 16. bis 19. Jahrhundert. Um 1500 entstand auf der Westseite ein neues Schloß. Dadurch wurde die Anlage erheblich größer und repräsentativer, verlor jedoch zunehmend ihre militärische Bedeutung.

1826 wurde der größte Teil der alten Burg, das sogenannte alte Schloß, abgerissen. Zwei Jahre später kam aus heiterem Himmel auch das Ende des neuen Schlosses: Es stürzte ein. Erhalten sind der staufische Rundturm und Reste der staufischen Gebäude. An der Stelle des neuen Schlosses befindet sich heute ein Restaurant.

Doch kehren wir zurück zu den Bewohnern der Burg. Zunächst erlebten die Herren von Staufeneck einen steilen Aufstieg. Nach dem Untergang der Hohenstaufen 1268 wurde das ursprünglich staufische Lehensgut zum Eigengut. Die Herren von Staufeneck hatten reichen Grundbesitz und bedeutenden kirchlichen Einfluß, der sich in zahlreichen Patronatsrechten äußerte. Doch schon bald ging es abwärts; wirtschaftliche Not trat ein, und immer mehr Besitz mußte verkauft werden. 1304 heißt es in einer Urkunde ausdrücklich »Verkauf aus drückender Not«.

1333 ging schließlich die Burg in den Besitz der Rechbergschen Familie über. Gut 250 Jahre bestimmten die Herren von Rechberg zu Staufeneck in weitem Umkreis, was zu geschehen hatte. Doch 1599 starb mit dem erst neunjährigen Freiherrn Albrecht Hermann das letzte männliche Mitglied der Rechbergschen Hauptlinie zu Staufeneck. Es folgten heftige Erbauseinandersetzungen, wiederholter Besitzer- und Verwalterwechsel und schließlich das oben beschriebene Ende der alten und neuen Burg.

Schloß Weißenstein – von der Wehrburg zum Herrensitz

Auch Schloß Weißenstein war 550 Jahre lang im Besitz der Rechberger, die eine besondere Weißensteiner Li-

Rechts: Zwei Burgen auf einen Blick: Staufeneck, von dem hauptsächlich der Rundturm erhalten ist (links), und Burg Ramsberg (rechts). Zwei Kilometer sind es nur von Burg zu Burg.

In geheimnisvolles Dunkel gehüllt ist die Säulenhalle im Keller von Burg Ramsberg. Welche Funktion die frühgotische Halle einst hatte, ist bis heute nicht eindeutig erwiesen.

nie bildeten. Es wurde schon 1241 genannt und um 1400 von den Rechbergern erworben. Aus der einstigen Wehrburg an einer Verbindungsstraße zwischen Fils- und Brenztal entstand im Lauf der Zeit ein leicht befestigter Herrensitz, eher schon ein Schloß. Die heutige Anlage stammt aus dem 15. Jahrhundert und erhielt ihr Aussehen mit Staffelgiebeln, Türmen, Erkern und Galerien zu Beginn des 17. Jahrhunderts. 1865 wurde ein Teil abgebrochen, an dieser Stelle entstand eine Terrasse.

Das schmucke Schlößchen erhebt sich an einem dichtbewaldeten Hang über Weißenstein in Höhe der Kirchturmspitze. Der trapezförmige Hof wird von vier Flügeln umgeben und ist gegen Nordosten, zur Stadt hin, geöffnet. Der achteckige Turm an der Südostecke, vom Ort her auf der linken Seite, diente einst zur Verteidigung einer hier ansetzenden Schenkelmauer mit einem gedeckten Gang zur Kirche hinab. Der Nordflügel hat in der Nordwestecke einen dicken, runden Turm und an der Nordostecke einen Erker, der den Eingang überwacht. Die Türme waren früher haubenbedeckt, heute haben sie zeltförmige Helme.

Die Schloßkapelle weist mit ihren beiden gotisierenden Fenstern auf die Entstehungszeit im angehenden 17.

Von Burg Staufeneck ist heute, außer dem mächtigen, immer noch über 16 Meter hohen Bergfried, nicht mehr viel erhalten. Das Wappen verweist auf Beziehungen der Burgherren zu den Staufern.

Jahrhundert hin. Sie wurde 1877 erneuert und hat einen stattlichen Altar mit doppelten Säulen, die ein Gebälk mit Engeln tragen. Ansonsten ist von der ursprünglichen Schloßeinrichtung nur wenig erhalten. 1971 wurde das Schloß vom Hause Rechberg verkauft und beheimatet heute ein Institut für wissenschaftliche Fotografie.

Morsche Ruine Lauterburg und gute Ausblicke von Ruine Rosenstein

Unser Streifzug durch Geschichte, Burg- und Schloßbau der Staufer und Rechberger soll mit zwei kaum noch erhaltenen Ruinen abgeschlossen werden. Verwandte der Staufer waren die Herren von Lauterburg, heute Teilort von Essingen. Die Burg auf einem Bergvorsprung zwischen zwei steil eingerissenen Schluchten wurde schon 1128 erwähnt. Der Torbau stammt von 1536. 1732 brannte die Burg völlig ab. Eine zweistöckige Wand mit düsteren Fensterhöhlungen, Torbau mit Rundbogentor und ein paar weitere Mauerreste blieben übrig. Wegen Baufälligkeit kann der Innenbereich nicht besichtigt werden.

Auch von der einst mächtigen Burg Rosenstein oberhalb von Heubach sind nur noch einige Mauern zu sehen. Wo schon in der Hallstattzeit Wälle und Gräben waren, wurde im 12. Jahrhundert die Ritterburg gebaut. Der Herr von Rosenstein soll ein wilder Raubritter gewesen sein. Im 15. Jahrhundert wurde die Burg aufgegeben, weil sie wegen neuer Waffen- und Belagerungstechniken nur mit riesigem Aufwand hätte modernisiert werden können. Von der Ruine und ihrer Umgebung bietet sich ein prächtiger Ausblick.

Helfenstein – Wachtposten über der Geislinger Steige

Auch das Grafengeschlecht von Helfenstein ist in enger Verbindung mit den Staufern zu sehen. Die Helfensteiner tauchen um 1100 als Adelsgeschlecht in der Gegend von Geislingen auf. Später war ein Mitglied der Familie, Gottfried von Spitzenberg-Helfenstein, langjähriger Kanzler von Kaiser Friedrich I. Barbarossa und Bischof von Würzburg.

Für die Zwecke eines Burgbaus bot der felsige Bergsporn außerordentlich günstige Voraussetzungen. Wo die wichtige Reichsstraße durch das Filstal in das Gebirge vorgedrungen ist und nun auf steiler Steige die Albhochfläche erklimmt, lag Helfenstein genau richtig, um den Verkehr zu überwachen.

Eine Vielzahl von Wehr- und Wirtschaftsgebäuden auf engstem Raum

Um den engen Burghof, der sich heute als weite, fast freie Fläche darbietet, drängten sich mehrgeschossige Bauten. An der Stelle des Aussichtsturms stand das Herrschaftshaus, außerdem gab es Bäckerei, Wasch- und Badehäuschen, Kapelle, Mannschaftsunterkunft, Wächterhaus, Wagenremise, Stall, Zeughaus und Pulverturm. Umgeben war das Ganze von Ringmauern, die in fünf bis sechs Meter Höhe einen gedeckten Wehrgang trugen.

Mit dieser mächtigen Burg und ihrer einflußreichen Position am Kaiserhof waren die Helfensteiner bald ein großes Geschlecht. Sie gründeten um 1250 am Fuß der Burg die Stadt Geislingen an der Steige, die um 1300 Mittelpunkt der umfangreichen Herrschaft Helfenstein war. Sie umfaßte große Teile der späteren Oberämter Ulm, Blaubeuren, Geislingen und Heidenheim. Im nördlichen Flügel des um 1380 erbauten Helfensteiner Stadtschlosses in Geislingen ist heute das Finanzamt untergebracht.

1356 verzweigte sich die Herrschaft der Helfensteiner durch Erbteilung in zwei Linien. Die meisten Familienmitglieder lebten auf großem Fuß und gaben viel zuviel Geld aus. Sie gerieten in hohe Verschuldung und mußten einen Großteil ihrer Herrschaft an die aufstrebende Reichsstadt Ulm verpfänden. Den Ulmern war Hel-

fenstein ohnehin ein Dorn im Auge gewesen. Deshalb griff der Rat der Stadt Ulm zu, als er 1396 auch das Kerngebiet der Grafschaft Helfenstein mit der Stadt Geislingen übernehmen konnte. Die Ausdehnung des Besitzes von Ulm über die Schwäbische Alb hinweg bis ins Filstal sowie die Kontrolle der Zollstellen durch eine Burg waren für die mächtige Reichsstadt äußerst wichtig.

Die Familie der Helfensteiner zog nach Geislingen ins Stadtschloß, ein Ulmer Vogt lebte auf Helfenstein, die im 15. und beginnenden 16. Jahrhundert systematisch zur Festung ausgebaut und der modernen Waffentechnik angepaßt wurde. Die Burg erhielt einen zweiten Mauerring, dazwischen wurden Türme mit Schießscharten gebaut. Eine große Bastion mit drei Geschützkammern zur Stadt ergänzte die Zwingeranlage. Der Wohnbau wurde zu einem bequemen Haus für den patrizischen Ulmer Vogt umgebaut.

Erst überrumpelt, dann zurückerobert: Helfenstein war nun Ruine

Im Jahr 1552 kam das unrühmliche Ende der mächtigen Festung. Im sogenannten Markgrafenkrieg zog der Markgraf von Brandenburg-Kulmbach gegen Geislingen. Durch einen

Trick konnte er das Schloß unversehrt besetzen. Er hatte einen Trompeter und drei Mann zum Schloß geschickt und zugesagt, daß seine Truppen abziehen würden. Die Festungsbesatzung stellte ihre Kampfvorbereitungen ein – und wurde kurz darauf überrumpelt.

Im August desselben Jahres beschossen die Ulmer ihre besetzte Festung drei Tage lang, richteten erhebliche Beschädigungen an und eroberten sie schließlich zurück. Da sich der Wiederaufbau nicht lohnte, wurde Helfenstein vollends dem Erdboden gleichgemacht.

In den folgenden Jahrhunderten überzog Wald den Bergrücken. Erst von 1932 bis 1938 wurden die Grundmauern wieder freigelegt und an der Spitze des Bergsporns ein viereckiger Aussichtsturm erbaut. Die Ruine Helfenstein bietet einen prachtvollen Blick auf das fast senkrecht darunter liegende Geislingen, das Filstal und die Geislinger Steige mit Straße und Bahnlinie.

Ein paar hundert Meter vom Helfenstein entfernt steht auf der Spitze eines anderen Bergsporns der weithin sichtbare Ödenturm. Er wurde im 15. Jahrhundert als Teil der Verteidigungsanlagen zum Schutz des tiefergelegenen Helfensteins gebaut. Bei der Überrumpelung der Festung war der Turm gerade nicht besetzt und

In seinen besten Zeiten konnte sich das einflußreiche Geschlecht der Helfensteiner eine große Burganlage leisten – später wurde sie samt Herrschaftsgebiet an die Ulmer verpfändet.

Um 1500 soll Burg Helfenstein etwa so ausgesehen haben, wie es diese Rekonstruktionszeichnung zeigt. Wenige Jahre darauf wurde die Burg durch einen Trick vom Feind besetzt.

deshalb nutzlos. Später sollte er abgebrochen werden, doch die Geislinger mochten sich nicht mehr von ihm trennen und sorgten für Erhaltung. Vom Ödenturm aus hat der Wanderer den schönsten Blick auf die Reste der Ruine Helfenstein.

Neues Domizil: Ruine Hiltenburg

Etwa elf Kilometer von Geislingen entfernt liegen oberhalb von Bad Ditzenbach, vom Tal aus nicht zu erkennen, die Reste der Hiltenburg. Sie stammt aus dem 13. Jahrhundert. Als Schloß Helfenstein in Geislingen an die Ulmer überging, wählten die Helfensteiner die Hiltenburg als Domizil. 1516 legte Herzog Ulrich von Württemberg mit 3000 Mann nach einer Verhandlung, die er mit Kaiser Maximilian in Blaubeuren geführt hatte, im Tal unterhalb der Hiltenburg eine Rast ein. Dabei wurde ein Schuß von der Hiltenburg in das Lager abgefeuert. Der jähzornige Herzog ließ daraufhin die Hiltenburg beschießen. Die schwangere Gattin des Helfensteiners ritt zum Herzog, fiel in die Knie, übergab ihm die Schlüssel zum Burgtor und versicherte die Unschuld des abwesenden Gemahls. Ulrich zeigte sich zunächst nicht ungnädig, vom Helfensteiner selbst bekam er nach seiner Meinung jedoch später keine ausreichende Genugtuung. Darauf ließ Ulrich das Schloß niederbrennen.

Die Ruine besteht aus zwei Teilen. Im Südwesten stand die ältere Burg mit einer Ringmauer und einem Bergfried aus Buckelquadern, der teilweise erhalten ist. Der nordöstliche Teil, durch einen Graben getrennt, hatte ebenfalls Bergfried und Ringmauer. 1979 wurde die Ruine so gesichert, daß sie gefahrlos betreten werden kann.

Machen wir noch einen Sprung ins nahe Wiesensteig, wo die Helfensteiner sich 1551/55 ein Stadtschloß bauen ließen. Sie waren als grausame Gerichtsherren gefürchtet und ließen später Dutzende Frauen als Hexen foltern und verbrennen. 1627 starben die Helfensteiner aus. Ihr Stadtschloß wurde in den letzten Jahren liebevoll innen wie außen renoviert und zum Bürgerhaus mit Veranstaltungsräumen umgebaut.

Bei Geislingen: Burg und Schloß Eybach

Steil erhebt sich der Himmelsfelsen über dem Geislinger Stadtteil Eybach, dessen Name von den vielen Eiben herrührt, die im Tal gedeihen. Schon im 13. Jahrhundert bauten die Herren von Ybach die Burg Hohenybach auf dem Himmelsfelsen. 1456 kauften die Herren von Degenfeld Dorf und Burg, die sie 1540 aufgaben und ins Tal direkt unterhalb des Felsens zogen. Das dortige Schloß wurde von 1760 bis 1770 modernisiert. Es handelt sich um ein typisches Landschloß im damals vorherrschenden französischen Stil; besonders graziös sind die Stuckornamente im Weißen Saal. An der Stirnseite befinden sich auch außen Ornamente.

Das zweiflügelige Schloß in einem weitläufigen Park ist im Privatbesitz und nicht zu besichtigen.

Links: Im Vordergrund die Stadtkirche, im Hintergrund Schloß Weißenstein, das im 15. und 17. Jahrhundert sein heutiges Aussehen erhielt und auf einer Burg des 13. Jahrhunderts entstand.

Gebäude aus verschiedenen Jahrhunderten gehören zur Burganlage Hellenstein. Hier geht der Blick in den kopfsteingepflasterten Schloßhof mit der Obervogtei und der Burgvogtei.

Vom festungsartigen Schloß Hellenstein in Heidenheim über die Schlösser Brenz und Taxis zur immer noch mittelalterlichen Burg Katzenstein spannt sich der Bogen in diesem Kapitel. Die Höhepunkte sind wohl das Barockschloß Baldern und das Deutschritterordensschloß Kapfenburg.

R und 70 Meter über den Dächern der Stadt Heidenheim an der Brenz thront auf einem Kalkfelsen des Weißjura das Schloß Hellenstein. Mit seinen mächtigen Bastionen, Rundtürmen und Giebeldächern ist es das Wahrzeichen der Stadt. Schon um die Wende des 11. zum 12. Jahrhundert dürfte auf dem Hellenstein eine Burg gebaut worden sein, die ab 1150 unter Degenhard von Hellenstein zu einem stattlichen Bauwerk erweitert wurde. In den folgenden 400 Jahren wechselte die Burg häufig ihre Besitzer, mal wurde sie verpfändet, mal verkauft. Berühmte Geschlechter tauchen als Burgherren auf, die Helfensteiner ebenso wie die Rechberger, die bayerischen Herzöge wie die württembergischen Grafen und schließlich die Reichsstadt Ulm, die Hellenstein 1536 an den Herzog von Württemberg zurückgeben mußte. Der 1593 zur Regierung gelangte Herzog Friedrich I. entschloß sich, an die mittelalterliche Burg ein Schloß anzubauen, das den Repräsentations- und Wohnbedürfnissen der Zeit entsprach. Außerdem sollte Hellenstein

Der Brunnengarten von Hellenstein ist nicht mittelalterlich: 1666/70 wurde der 78 Meter tiefe Brunnen gebohrt, den seit rund hundert Jahren ein Gittergehäuse schützt.

zu einer Festung verstärkt werden. Damit wurde der auf dem Gebiet des Festungsbaus führende Architekt und Baumeister Heinrich Schickhardt beauftragt.

Um die Ausdehnung des Felsens voll auszunutzen, gründete er die Fundamente mehrerer Bastionen und Türme weit unterhalb der Felskanten auf halber Höhe. So entstand ein Schloßbereich, dessen größte Ausdehnung 150 Meter lang und etwa 80 Meter breit ist. Außerdem baute Schickhardt eine Wasserleitung mit einer »Wasserkunst«, die es nach zeitgenössischen Beschreibungen weder in Italien, Frankreich oder Deutschland gab. Über eine Höhendifferenz von 90 Meter wurde das Wasser zum Schloß transportiert. Diese Wasserleitung ist allerdings im Dreißigjährigen Krieg zerstört worden.

Zur Stadt hin wurden neben dem Renaissancetor zwei mächtige Geschütztürme hochgezogen, von denen einer kreisrund ist und waghalsig am Felsen klebt. Das obere Stockwerk der Toranlage war einst als offene Plattform für Geschütze angelegt, wurde jedoch später überdacht. Von entscheidender Bedeutung für die Silhouette der Stadt ist der 22 Meter hohe Fruchtkasten mit Staffelgiebel. Im heutigen Brunnengarten liegt der

von 1666 bis 1670 abgeteufte, 78 Meter tiefe Brunnen, der seit 1889 durch ein schmiedeeisernes Gittergehäuse geschützt ist. Am Nordhang des Schloßbergs entstanden das Küchen- und Backhaus des Schlosses. Weitere Gebäude waren die Burgvogtei, die Obervogtei und die Schloßkirche.

Während einer stürmischen Überfahrt nach England hatte Herzog Friedrich I. in Todesangst gelobt, vier Kirchen zu bauen. Eine davon sollte im Heidenheimer Schloß stehen. Künstlerisch ausgestaltet wurde die 1605

eingeweihte Kirche von dem erfahrenen Kalkschneider Gerhard Schmidt, der schon in den Hohenloher Schlössern Langenburg, Neuenstein und Weikersheim sowie in Norddeutschland tätig gewesen war. Leider ist von diesen Kunstwerken nicht allzuviel übriggeblieben; immerhin sind noch drei Emporenreliefs zu bewundern. Die wiederaufgebauten oder auch umgebauten Teile der alten Burg wurden in die neue Burganlage integriert.

Anfang des 18. Jahrhunderts: 10 000 Soldaten resignierten vor der Festung Hellenstein

Den Dreißigjährigen Krieg hat die Festung Heidenheim einigermaßen glimpflich überstanden. Auch während des Spanischen Erbfolgekriegs (ab 1704) zog ein französischer Offizier mit seinen 10 000 Mann wieder ab ohne Versuch, das Schloß einzunehmen: Eine Erstürmung erschien ihm zu verlustreich. So blieb Schloß Hellenstein erhalten und wurde später Verwaltungssitz und Unterkunft für Mitglieder des württembergischen Hauses und seiner Gäste, zu denen auch Erzherzog Karl von Österreich (1796) und Kaiser Napoleon I. (1805) gehörten.

Die Unterhaltung des Schlosses machte jedoch ständig umfangreiche

Seit Jahrhunderten prägt Hellenstein das Stadtbild von Heidenheim: Auf einem 70 Meter über der Stadt aufragenden Kalkfelsen wurde die Burg seit 1100 erbaut und im 16. Jahrhundert zum Schloß umgewandelt.

Aus der Burg der Herren von Trugenhofen bei Dischingen wurde im 18. Jahrhundert das Schloß der Fürsten von Thurn und Taxis – eine besondere Pracht zur Obstblüte!

und teure Renovierungsarbeiten nötig. So dachte man schon 1762 daran, das Schloß abzubrechen oder dem Verfall auszusetzen. Immer weniger wurde renoviert, Teile des Schlosses wurden in der Folgezeit als Kaserne, Lazarett, Gefangenenlager, Webschule und Turnhalle, andere als Steinbruch genutzt. Erst 1837 verbot die Königliche Bauverwaltung, noch mehr Steine aus den Mauern und Basteien zu brechen.

1857 bildete der Verschönerungsverein eine Bürgerinitiative und wehrte sich erfolgreich gegen Verkauf und Abbruch des Fruchtkastens. 1860 schließlich setzten an den Bastionen umfangreiche Sicherungsarbeiten ein, die dann auf die anderen Teile des Schlosses ausgedehnt wurden und noch nicht abgeschlossen sind.

Auf Grund einer Initiative des 1901 gegründeten Heimat- und Altertumsvereins Heidenheim wurde auf Schloß Hellenstein ein Heimatmuseum eingerichtet und nach dem Zweiten Weltkrieg wesentlich erweitert. In der Schloßkirche mit den dreiseitig umlaufenden Emporen sind vor- und frühgeschichtliche Funde ausgestellt, eine der bedeutendsten Sammlungen ihrer Art in Baden-Württemberg. Außerdem gibt es eine indische Sammlung, eine Sammlung von Käfern der Umgebung, eine Kunstsammlung mit Plastiken und Gemälden sowie wechselnde Ausstellungen im Schloß. Jüngst eröffnet wurden Sammlungen von Spielzeug und Puppenstuben sowie ein Reise- und Wagenmuseum.

Nicht wiederhergestellt wurden die Ruinen der mittelalterlichen Burg auf dem höchsten Teil des Schloßfelsens, erhalten sind Teile der Umfassungsmauern bis zu mehreren Stockwerken Höhe. Dort befinden sich auch eine Aussichtsbastion und ein -turm.

Vom Kaiserstolz zum Raubritternest: Güssenburg

Bescheidene Reste einer mittelalterlichen Burg, Schildmauer und Stumpf eines Turmes, überragen den Wald auf dem Schloßberg bei Hermaringen im Brenztal: die Güssenburg. Einst beherrschte sie das Tal, war das mächtige Geschlecht der Güssen als Lehensträger und am Hof von Kaiser Friedrich I. Barbarossa wohlgelitten. Doch mit dem Niedergang der Staufer ging es auch mit den Güssen abwärts, sie sanken zu Raubrittern herab. Deshalb zerstörten die Ulmer 1448 die Burg. Nur wenig blieb übrig, wenig ist

Links: Einst als Jagdschloß der Fugger-Fürsten erbaut – und immer noch in einem ausgedehnten Wildpark gelegen –, ist Schloß Duttenstein heute unbewohnt und wirkt märchenhaft verwunschen.

Kunsthistorisch am bedeutendsten in Burg Katzenstein sind die originalen romanischen Wandmalereien in der Burgkapelle; hier Christus in der Mandorla.

auch aus der Geschichte der Güssenburg überliefert. Seit 1981 bemüht sich ein Förderverein um die Erhaltung der Ruine und um die Erforschung ihrer Geschichte.

Schönes Schloß der Renaissance: Brenz

Eine Seitenlinie der Güssen konnte sich in Brenz bedeutend länger halten als die Hauptlinie auf der Güssenburg. Oberhalb der Kirche steht das Schloß, dessen Gestaltung noch an das Mittelalter erinnert, ein wehrhafter Zweckbau mit Wällen, Gräben und Wehrgängen. Unmittelbar benachbart liegt die romanische Basilika aus der Stauferzeit.

Auch die Brenzer Güssen gehörten zur Gilde der Raubritter, die sich durch ihre Rauflust bemerkbar machten. Deshalb wurde das Schloß 1340 auf Befehl Kaiser Ludwigs IV. zerstört. Die Familie der Güssen konnte sich bis ins 17. Jahrhundert halten. Was von der Burg noch übrigblieb, ist im Dreißigjährigen Krieg zerstört worden.

1672 wurde das Schloß im Stil der damals vorherrschenden Renaissance wiederaufgebaut. Grundriß und Teile der alten Burg sind zwar noch erhalten, der heutige Baubestand stammt jedoch aus der Zeit des Neuaufbaus.

1707 ging der Besitz an das Herzogtum Württemberg über, zeitweilig diente es Herzog Eberhard Ludwig und seiner Gespielin von Grävenitz als Liebesnest.

1847 ging das Gebäude an die Gemeinde Brenz über, die es als Schul- und Rathaus nutzte. Nach der völligen Renovierung bis 1972 sind nun Ortsbücherei, Registratur, Gemeinderaum der evangelischen Kirchengemeinde und Wohnungen im Schloß untergebracht. Es steht anmutig inmitten von Gärten, entkleidet von den meisten alten Nebengebäuden und mittelalterlichen Befestigungsanlagen, auf dem Hügel.

Über den Wallgraben führt eine Brücke, deren Eingang zwei große Torpfeiler zieren. Über eine zweite Brücke gelangt man zum Renaissance-Schloßtor mit Pilastern, Gesims und Giebel. Der Hallenhof hat hübsche Laubengänge; unverkennbar sind die Anklänge an das Stuttgarter Alte Schloß. Vier Portale führen vom Schloßhof in die Gebäude; besonders bemerkenswert ist jenes am Hauptturm: geschmückt mit Pfeilern und Schnecken sowie mit unterbrochenem, verschnörkeltem Giebel. Der Hof bietet das stimmungsvolle Bild eines hübschen, kleinen Schlosses.

Schloß Taxis im Englischen Park

Weiße Staffelgiebel mit bemalten Giebelfronten, an den Ecken verspielte Türmchen und Dächerkanten mit Zinnen ragen am Rand von Dischingen über das Grün eines weitläufigen Parks im englischen Stil. Mit den staufischen Ruinen und Ritterburgen scheint dieses Schmuckstück im Härtsfeld nichts zu tun zu haben.

Rechts: Einen guten Eindruck von der Enge mittelalterlichen Burgen vermittelt heute noch Burg Katzenstein auf dem Härtsfeld. 900 Jahre ist der mächtige Bergfried nun alt.

Möglicherweise der erste heizbare Raum auf Katzenstein war die Brunnenhalle im Untergeschoß des Palas. Der in den Fels gebohrte Brunnen ist bis heute benutzbar.

Doch ursprünglich stand hier eine Burg der Herren von Trugenhofen aus dem 13. Jahrhundert. Später gehörte der Besitz nacheinander den Öttingern, den Helfensteinern und den Herren von Katzenstein. Dann erwarben 1734 die Fürsten von Thurn und Taxis, die einstigen Reichspostmeister, die Burg und bauten sie zu einer prächtigen Schloßanlage aus. Die alten Gebäudeteile wurden einbezogen, dazu kamen neue Bauten, Schloßgarten, Terrassen und Laubengänge.

Die einzelnen Gebäude gruppieren sich um den riesigen Schloßhof, der durch zwei Tore erreicht wird. In der Mitte plätschert ein Brunnen. Ein prächtiger Hofgarten, ein Palmenhaus und ein parkähnlicher Englischer Garten mit ausgedehnten Kastanienalleen und exotischen Bäumen schließen sich an. Die weitläufigen Schloßgebäude können von außen betrachtet werden; eine Besichtigung der Innenräume ist normalerweise nicht möglich, weil das Schloß bewohnt wird.

Dornröschenschloß im Wildpark: Duttenstein

Wie ins Reich der Märchen fühlt sich der Wanderer östlich von Dischingen im weit ausgedehnten Wildpark versetzt: Zwischen dichten Wäldern und Kastanienalleen, wo Mufflons und Damwild auf satten Wiesen weiden, tauchen zwischen Bäumen plötzlich die Giebel eines Schlößchens auf, dessen Front sich geheimnisvoll in einem Weiher spiegelt.

Das Jagdschloß Duttenstein wurde 1564 von den Fürsten Fugger erbaut und gehört nach wechselnden Besitzern heute den Fürsten von Thurn und Taxis. Doch hinter den hübsch renovierten, strahlenden Fassaden rührt sich kein Leben, zeigt sich keine

Bewegung. Wie verwunschen, in hundertjährigem Dornröschenschlaf, liegt das unbewohnte Waldschlößchen, verschlossen und leer.

So lebten die alten Rittersleut auf Burg Katzenstein

Eine der wertvollsten Burganlagen Süddeutschlands aus dem hohen Mittelalter ist Burg Katzenstein. Wuchtig erhebt sich der gewaltige, 900jährige Bergfried aus staufischen Buckelquadern; halb so hoch ist der Palas. Von einer Ringmauer umschlossen und wie mit dem Felsklotz verwachsen, steht die Burg in der Einsamkeit des Härtsfelds. Hier wird deutlich: Auf so kleinem Raum, so eng zusammengedrängt lebte man in mittelalterlichen Burgen, wenn die Bewohner nicht gerade einem mächtigen, einflußreichen Geschlecht angehörten.

Bei den Herren von Cazzenstein, erstmals 1099 erwähnt, handelte es sich um Lehensleute der Grafen von Dillingen. Die Burg wurde als Grenzfeste gegen die Riesgrafen errichtet und war in erster Linie ein Wehrbau. Der untere Teil des Bergfrieds stammt noch aus vorstaufischer Zeit, am Mauerwerk deutlich zu erkennen. Ein Wehrgang verstärkte die Verteidigungsmöglichkeit.

Von 1262 an waren die Herren von Hürnheim Besitzer der Burg, 1354 folgten die Grafen von Öttingen, die verschiedene Geschlechter mit der Burg belehnten. Im letzten Jahr des Dreißigjährigen Kriegs wurden Teile der Burg zerstört, nach einigen Jahren jedoch wiederaufgebaut.

Ihre abgeschiedene Lage weitab von großen Verkehrsströmen machte die Burg jahrhundertelang für ihre Besitzer wenig interessant, weshalb sie weder ernsthaft umgebaut noch erweitert wurde und deshalb erhalten blieb. 1834 zog der letzte Bewohner aus, über hundert Jahre stand die Burg danach leer und verfiel langsam.

Doch soll die Burg einen wertvollen Schatz bergen, nach dem 1737 ein Kapuzinerpater zusammen mit zwei Notaren vier Wochen lang suchte. Der böse Burggeist Baldrian, Hüter des Katzensteiner Schatzes, fiel jedoch über den Mönch her und zerzauste ihn heftig. Nur durch die Hilfe des ebenfalls in der Burg hausenden guten Geistes der Westerstätten wurde der Schatzgräber vor Schlimmerem bewahrt.

Dieser sagenhafte Katzensteiner Schatz wurde nie gefunden, doch kamen andere Schätze zutage. 1967 wurde die halbverfallene Burg von der Familie Holl gekauft und mit hoher Sachkenntnis wiederhergestellt. Dabei gab es 1973 eine Überraschung. Nach anderen Räumen wurde die romanische St. Laurentius-Kapelle von Schmutz und Trümmern befreit. Unter Resten der barocken Bilder, die vermutlich beim Wiederaufbau nach dem Dreißigjährigen Krieg angebracht worden waren, traten außerordentliche schöne Fresken aus dem Mittelalter ans Licht.

Hauptthema ist das Jüngste Gericht, in der Mitte Christus in der Mandorla, der auf einem Regenbogen thront, ihm zur Seite Maria und Johannes der Täufer sowie die anderen Apostel. Es handelt sich um die ursprüngliche Ausmalung der Burgkapelle in bemerkenswerter künstlerischer Qualität und in den Originalfarben.

Ein romanischer Kamin und Möbel verschiedener Stilrichtungen in Katzenstein

Auch die anderen Räume wurden Zug um Zug renoviert und, da kein Mobiliar mehr vorhanden war, in verschiedenen Stilrichtungen eingerichtet: die Bibliothek im Barockstil, Jagdzimmer und Rittersaal mit rustikalem Mobiliar meist aus dem 18. und 19. Jahrhundert. Ein Steinkamin aus romanischer Zeit, ursprünglich im Bergfried, wurde aus statischen Gründen im Jagdzimmer untergebracht.

Im Untergeschoß des Palas liegt die romanische Brunnenhalle, mit doppeltem Tonnengewölbe, meterdicken Mauern und einem 30 Meter tief durch den Fels gebohrten Brunnen, der noch heute benutzbar ist. Diese Brunnenhalle, die wie mit dem Felsen verwachsen erscheint, war wohl der einzige heizbare Raum der ersten Burg.

Zwischen den verschiedenen Gebäuden gibt es mehrere Innenhöfe. In der ehemaligen Zehntenscheuer, dem einstmals vorgeschobenen Verteidigungswerk mit Schießscharten, wurde eine Burgschenke eingerichtet.

Aus einer Wehrburg wurde das barocke Kleinod Schloß Baldern

Auf einem kegelförmigen Bergklotz, der beim großen Meteoriteneinschlag ins Nördlinger Ries hierhergeschleudert worden war, erhebt sich weithin sichtbar Schloß Baldern. Nördlich von Bopfingen, liegt es eigentlich außerhalb unseres Gebiets. Doch für diese sehenswerte Anlage schien die Ausnahme berechtigt.

Dem stattlichen Barockbau ist es kaum anzusehen, daß er vor 300 Jahren noch eine mittelalterliche Wehrburg war. Diese wurde im 12. Jahrhundert als Stammsitz der Edlen von Baldern erbaut, kam 1215 an das Kloster Ellwangen, 1250 an die Grafen von Öttingen, die treue Gefolgsleute der Stauferkaiser waren. Aus der Gründerzeit stammt auch noch der heutige Grundriß der Burg, deren Ge-

Aus allen Himmelsrichtungen schon von weither auf seinem mächtigen Bergklotz zu erkennen: Schloß Baldern bei Bopfingen. Einst stand hier eine mittelalterliche Burg.

bäude sich um einen engen Innenhof drängen, der durch einen Torgang unter einem der Gebäude hindurch erreicht wird. Der Vorhof liegt etwas tiefer.

Aufregende Zeiten hat die Burg erlebt. Da gab es im 13. Jahrhundert die »ungezweifelte Nachricht von der zu Baldern erschrecklich passierenden Ge-

Für repräsentative Zwecke errichtet und prächtig ausgeschmückt wurde der Kaisersaal von Schloß Baldern. Die zarten Stuckornamente arbeiteten um 1730 die Brüder Schweizer aus der Ortschaft Deggingen.

Außer der stilvollen Einrichtung, vor allem den zahlreichen kostbaren und künstlerisch wertvollen Uhren, faszinieren die Stuckarbeiten an Wänden und Decken. Sie stammen von Stukkateuren aus der Gipserortschaft Deggingen; die Dekorationen des großen Saals wurden von den Brüdern Schweizer aus Deggingen um 1730 geschaffen. Selbst die Ställe gleich hinter dem äußeren Tor sind mit Stuck verziert.

Neben dem Gelben, Roten, Grünen Salon und dem Kaisersaal ist vor allem die Waffensammlung im Schloß von großer Bedeutung. Die Waffen, mehrere hundert Einzelstücke, stammen aus den Arsenalen und Waffenkammern der heutigen Besitzer und reichen von Rüstungen mit Visieren sowie Lanzen und Spießen bis zu Kanonen, wertvollen Pistolen und Gewehren mit Intarsien aus Silber, Perlmutt oder Elfenbein.

Ruine Flochberg: einst Grenzfeste zwischen Staufern und Welfen

Ruine Flochberg steht wie Schloß Baldern auf einem bizarren Felsen. 1140 wurde die Burg erstmals genannt, 1149 war sie schon im Besitz der Staufer. 1150 wurde sie von Welf VI. vergeblich belagert; die Welfen wurden in der Nähe von den Staufern besiegt. 1330 ging die Burg, die zuvor in Kämpfen zwischen Ludwig dem Bayern und Friedrich von Österreich zerstört worden sein muß, in den Besitz der Öttinger über, die sie wiederaufbauten.

Zeitgenössische Darstellungen aus dem Dreißigjährigen Krieg zeigen Flochberg als mächtige Festung mit einem inneren Burgkern, Bergfried und Palas, umgeben von gewaltigen Mauern mit Geschütztürmen und Wehrgängen. 1648 wurde sie von den Schweden zerstört und danach nicht mehr ernsthaft aufgebaut. Ab 1700 wurde die Ruine von den Bewohnern des ihr zu Füßen liegenden Bopfingens als Steinbruch benutzt. Heute gibt es nur noch Reste der Ruine auf

spenster-Historie«. Danach hat ein Kapuzinermönch 13 böse Geister in die Hölle verwiesen und drei gute Geister erlöst.

Die Burg wechselte häufig ihre Eigentümer, wurde immer mal wieder verpfändet, getauscht oder einem anderen Besitzer zugesprochen. Nach dem Aussterben der Grafen von Öttingen ging die Burg 1798 an die Fürsten Öttingen-Wallerstein über, denen sie heute noch gehört.

Noch vorher, unter dem Grafen Kraft Anton Wilhelm von Öttingen-Baldern, wandelte sich im frühen 18.

Jahrhundert die Burg in ein hübsches Barockschloß. Unter dem Einfluß der Gemahlin des Grafen, einer Schwester der Kirchenfürsten von Würzburg und der Grafen von Schönborn, zogen Kunstsinn und Baufreudigkeit in die abgelegene Burg ein. Der Fürstbischöfliche Eichstädter Baudirektor Gabriel de Gabrieli erweiterte die Burg, die Burggräben wurden aufgefüllt und teilweise überbaut, aus Zimmern wurden Gemächer und prächtig ausgestattete Salons, und als Höhepunkt der Innenarchitektur entstand der repräsentative Kaisersaal.

Links: Sehenswert in Schloß Baldern ist die Waffensammlung der Grafen von Öttingen. Neben Gewehren und zierlichen Kanonen sind auch schöne Ritterrüstungen zu bewundern.

markantem Felsen, der einen eindrucksvollen Überblick über das fast kreisrunde Nördlinger Ries bietet.

Die Kapfenburg – Schmuckstück des Deutschritterordens

Auf einem Kapf, einem vorgeschobenen Aussichtspunkt hoch über dem jungen Jagsttal bei Lauchheim, erhebt sich die mächtige Kapfenburg. Obwohl hier schon im 11. und 12. Jahrhundert Rittergeschlechter eine mittelalterliche Burg bewohnten, entstanden die heutigen Gebäude in mehreren Bauepochen während der Glanzzeit des Deutschritterordens, der die Burg 1364 gekauft hatte.

Durch eine einstmals hinter einer Zugbrücke liegende mächtige Bastei mit gerundeten Zinnen und einen fast kreisrunden, niedrigen Durchlaß betreten die Besucher den unteren Schloßhof. Von hier öffnet sich der schönste Blick auf den unteren Wirtschaftshof und das darüberliegende Hochschloß.

Ganz links liegt der Westernachbau, Hauptgebäude der Kapfenburg mit zwei vorgesetzten zwiebeldachbedeckten Rundtürmen und Renaissancegiebel. Dieses Gebäude wurde 1591/93 errichtet und enthält die Hauptschauräume der Kapfenburg.

Die massige Anlage mit den kleinen kupfernen Turmhelmen am Westernachbau zeigt eindeutig, daß hier einst mächtige Schloßherren saßen – die Kapfenburg lohnt den Besuch.

Benannt wurde das Gebäude nach dem Komtur Johannes Eustachius von Westernach. Nach rechts schließt sich der Hohenlohebau von 1718 mit dem charakteristischen Barockgiebel an, ganz rechts dann das Kaplaneigebäude (oder Grombergbau) mit steilem Spitzgiebel, das auf das 12. Jahrhundert zurückgeht, in der jetzigen Form jedoch im mittleren 16. Jahrhundert entstand.

Vom inneren Burghof geht man nun aufwärts und erreicht durch das obere Torhaus mit barockem Giebel über eine Rampe an der Stelle einer zweiten ehemaligen Zugbrücke das wappengeschmückte Haupttor. Es führt in einem steil ansteigenden, überwölbten Torweg zur Schloßkapelle, zum Rittersaal und zum oberen Schloßhof. Der 200 Quadratmeter große Rittersaal ist zu besichtigen. Er beeindruckt besonders durch ein von Rundsäulen getragenes Kreuzgewölbe mit eindrucksvollen Stuckarbeiten, die mit durchmodellierten Aktfiguren und Symbolen die damals bekannten Erdteile nahezu vollplastisch darstellen. Hinter starken, wohl noch mittelalterlichen Mauern verbirgt sich die Schloßkapelle mit schönem Netzgewölbe und Freskenschmuck.

Der Deutsche Ritterorden wurde 1198 durch abendländische Fürsten mit dem Ziel der Krankenpflege und der

Lebensgroße Porträts der Deutschordens-Hochmeister und Komture aus dem 17. und 18. Jahrhundert schmükken den großen Rittersaal der Kapfenburg ebenso wie der teilweise fast vollplastische Renaissance-Stuck.

Rechts: Am Eingang der Kapfenburger Schloßkapelle findet sich dieses schöne Epitaph von 1619, das den anbetenden Ritter vor einem großen Kreuzigungsrelief zeigt.

Schwertmission gegründet. Er geht auf die Kreuzzüge ins Heilige Land zurück. Nach der Eroberung Ostpreußens und der späteren Niederlage in der Schlacht bei Tannenberg zogen sich die Deutschritter 1525 auf ihre Besitztümer im ganzen Land zurück. Hauptordensburg wurde Bad Mergentheim, eines der Besitztümer war die Kapfenburg mit größeren Ländereien. 1809 wurde der Deutschritterorden aufgelöst.

Solange die Kapfenburg im Besitz des Ordens war, wurde sie ständig bewohnt, instand gehalten und ab und an ausgebaut. Auf der Kapfenburg lebten während des Höhepunkts des Deutschritterordens um 1420 acht Ritter und eine Anzahl dienender Brüder. Im 17. und 18. Jahrhundert mußten auch Außenstehende in Dienst genommen werden, um die Aufgaben und die Bewirtschaftung der Ländereien zu bewerkstelligen. Die Bewohner der Umgebung waren den Rittern zu Frondiensten verpflichtet; sie genossen dafür Schutz und bekamen Land zum Selbstbewirtschaften. Heute ist die Kapfenburg im Besitz Baden-Württembergs.

Die traurige Sage der Kunigunde vom Herwartstein

Die aus dem 11. Jahrhundert stammende Burg Herwartstein hoch über Königsbronn gehörte im 13. Jahrhundert den Helfensteinern und wurde 1287 von König Rudolf erobert und zerstört.

Einer derer von Herwartstein, Ritter Adalbert, führte ein wüstes Leben. Sein Burgverlies war gefüllt mit Gefangenen, um von ihnen oder für sie Lösegeld zu erpressen. War ihm ein gutes »Geschäft« gelungen, saß er Tag und Nacht mit seinen Gesellen bei Trunk und Spiel. Der Rittersaal hallte wider von ihrem rohen Lachen und ihren Flüchen.

Diesem wüsten Treiben war des Ritters Tochter Kunigunde ganz und gar abhold. Als sie eines Tages allein war, führte sie einen gefangenen Greis aus dem Burgverlies in die Sonne des Burghofs. Da sprengte Ritter Adalbert zum Tor herein, sprang vom Pferd, erhob sein Schwert und stürmte auf den Gefangenen zu. Kunigunde warf sich dazwischen und wurde von dem wuchtigen Stoß tödlich getroffen. Wie vom Blitz gerührt stand der Ritter vor seinem gemordeten Kind. Da erhob der alte Mann seine Stimme: »Verflucht seist du mit deiner ganzen Sippe, du Mörder!« Erneut griff Adalbert zum Schwert und bohrte es dem Alten ins Herz.

Der sagenhafte Schatz wurde 1953 gefunden

Von nun an lastete ein Fluch über den Rittern von Herwartstein, keiner starb mehr eines natürlichen Todes. Und im fahlen Mondlicht schwebt die gemeuchelte Kunigunde über dem Felsen des Herwartsteins, klagt und weint um das Seelenheil ihrer Verwandten. Soweit die Sage. Eher nachweisbar ist die Geschichte, daß Graf Ulrich von Helfenstein in den Mauern einen Silberschatz versteckte, bevor er seine Burg König Rudolf übergeben mußte. Genau 666 Jahre nach der Zerstörung der Burg fanden 1953 erste Suchgrabungen statt. Sie brachten 69 Brakteaten zum Vorschein, hauchdünne Silbermünzen aus der Zeit um 1240. Der sagenhafte Schatz vom Herwartstein war gefunden: Er ist zum Teil im Torbogenmuseum von Königsbronn ausgestellt.

Von der Burg selbst ist wenig zu sehen, ein paar Mauerreste auf steilem Felsen hoch über dem Tal erinnern an düstere Zeiten.

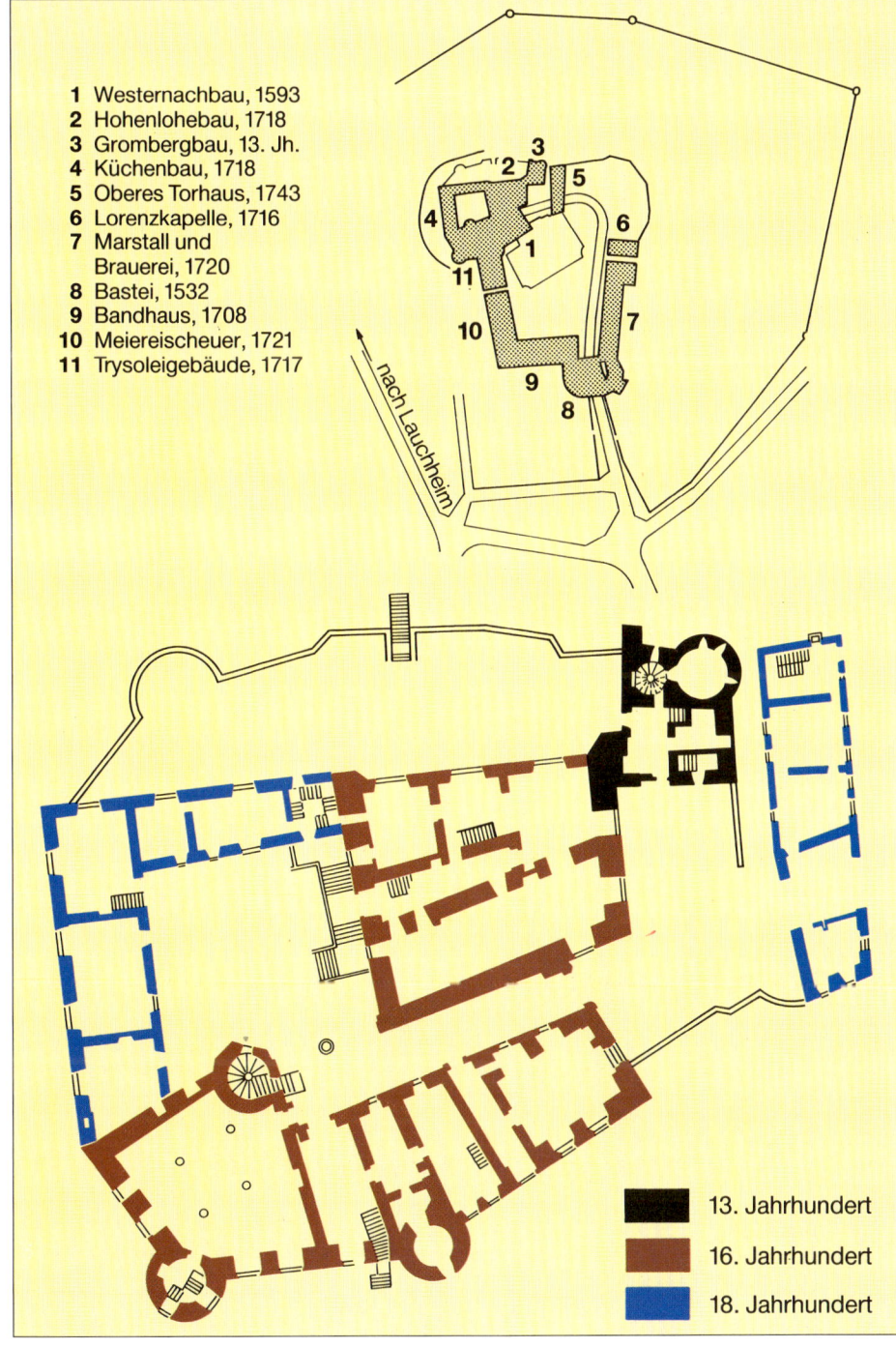

1 Westernachbau, 1593
2 Hohenlohebau, 1718
3 Grombergbau, 13. Jh.
4 Küchenbau, 1718
5 Oberes Torhaus, 1743
6 Lorenzkapelle, 1716
7 Marstall und Brauerei, 1720
8 Bastei, 1532
9 Bandhaus, 1708
10 Meiereischeuer, 1721
11 Trysoleigebäude, 1717

nach Lauchheim

13. Jahrhundert
16. Jahrhundert
18. Jahrhundert

Links: Die Lage der einzelnen Gebäude der Kapfenburg zeigt die obere Zeichnung, die untere macht ihr Alter deutlich. Man sieht, daß nur noch wenige Bauteile aus dem 13. Jahrhundert stammen.

Zwischen Festungsmauern wurden in Neu-Ulm Parkanlagen angelegt und flache Wasserbassins, die als Planschbecken an schönen Sommertagen von den Kindern gern erstürmt werden.

. . . um Ulm

Vom Ulmer Münster ist häufig die Rede, von der Bundesfestung fast nie. Dabei ist sie eine durchaus bemerkenswerte Anlage deutscher Festungsarchitektur – freilich des vorigen Jahrhunderts. Die Stadt wurde zwischen 1841 und 1859 von Mauern, Bastionen, Festungsbauten und Reduits umwallt und von vorgeschobenen Forts bewacht. Vieles davon ist heute noch zu sehen. Außerdem in diesem Kapitel: Burgen in der Nähe von Ulm.

Neben den Ritterburgen des Mittelalters sowie den Verteidigungsanlagen späterer Jahrhunderte und den Schlössern der Renaissance- und Barockzeit soll hier auch ein Blick auf jene Bauwerke geworfen werden, die inzwischen ebenfalls zum Denkmal geworden sind, normalerweise aber wenig beachtet und gewürdigt werden: die Bundesfestung Ulm.

Schon zwischen 1819 und 1823 entstanden Pläne, Ulm als Bundesfestung auszubauen. Von 1841 bis 1859, während einer Blütezeit deutscher Festungsarchitektur, wurden sie schließlich verwirklicht. Damals hatten die Ingenieure aller deutschen Staaten, vor allem Bayerns, Österreichs und Preußens, die »neue deutsche Befestigung« entwickelt. Dabei wurden sowohl Ideen Albrecht Dürers als auch des französischen Generals und Ingenieurs Marc René Montalembert in die Tat umgesetzt und mehrgeschossige, gewölbte Feuerstände, sogenannte Kasematten, konstruiert. Es entstanden völlig neuartige Bauwerke, bei denen die Architekten nicht nur die kriegerische Bestimmung im

Auge hatten, sondern auch schöpferische Leistungen hervorbrachten. Die verschiedenen Bauwerke der Bundesfestung Ulm zeigen sich in unerwarteter Vielfalt und Individualität.

Caponnieren als Rund- oder Hakenturm und in Kleeblattform

Um die Gräben und freien Flächen vor den Befestigungsanlagen bei einem Ansturm unter Feuer nehmen zu können, wurden die vorspringenden Kasemattengebäude, die sogenannten Caponnieren, gebaut. Von ihnen aus konnten die neuartigen, geraden Festungsgräben bestrichen werden. Die Caponnieren wechseln von kleinen Rundtürmchen mit nur einer Ebene bis zu majestätisch runden Flankentürmen, von langgestreckten Bauwerken bis zu winkelhakenförmigen Doppelfestungen an hervorspringenden Ecken. Einige dieser Eckbauwerke sind in Kleeblattform ausgeführt, andere – beispielsweise Fort Albeck – erinnern in ihrer leichten Rundung mit zwei Ecktürmen und einer vorgesetzten Mauer fast an Grundrisse aus der barocken Bauepoche.

Im Rücken der Hauptanlage entstanden die sogenannten Reduits, wohin sich die Besatzung notfalls zurückziehen konnte. Auch sie sind äußerst vielgestaltig: Da gibt es Vielecktürme mit angehängten kleinen Türmchen, da gibt es Vollrundtürme, ein- oder mehrgeschossige Halbmondtürme, kleine oder monumentale Halbringbauten als Defensivkaserne und schließlich zwei monumentale Donaubastionen und die schloßartige Wilhelmsburg.

Letztere ist eine Zitadelle mit Rundtürmen, mehrgeschossigen Bauwerken und einem Innenhof in der Größe eines Fußballplatzes, der natürlich nicht zum Spielen, sondern zum Exerzieren da war. Die Wilhelmsburg oberhalb von Ulm wird seit Mitte der achtziger Jahre saniert. Die durchfeuchteten Räume, einige hundert an der Zahl, werden trockengelegt, mit Strom und Wasser versorgt und ent-

sorgt, so daß die riesige Anlage einmal wieder benutzt werden kann – wozu, steht in den Sternen.

Um die Ausdehnung der Stadt Ulm nicht allzusehr einzuengen, wurde die Gesamtanlage weit von den Grenzen der Ulmer Altstadt abgerückt und vor allem südlich der Donau auf Betreiben von König Ludwig I. von Bayern besonders weiträumig ausgeführt. Die Pläne für den Teil nördlich der Donau stammen von Major von Prittwitz, den südlichen, bayerischen Teil plante Major von Hildebrandt.

Innerhalb dieses bayerischen Teils wurde die Stadt Neu-Ulm nach einheitlichem Grundplan angelegt. Außer den Umwallungen der Stadt bis weit hinauf auf die ersten Höhen der Alb wurden noch 13 vorgeschobene Forts angelegt, die man von 1881 bis 1886 durch zwei weitere ergänzt hat. Es gab Straßentore und besondere Eisenbahntore, von denen jenes Richtung Stuttgart teilweise erhalten ist. Auch zwei Straßentore sind noch zu sehen.

Bundesfestung wurde nie belagert oder umkämpft

Für die Kriegführung in den davorliegenden Jahrhunderten wäre eine so martialische Großfestung höchstwahrscheinlich uneinnehmbar gewesen. Ob sie auch einem Ansturm im

Um die Gräben und freien Flächen vor der Festung Ulm unter Feuer nehmen zu können, wurden in verschiedenen Formen die sogenannten Caponnieren angelegt, hier die Nummer X.

19. oder 20. Jahrhundert standgehalten hätte, mußte glücklicherweise nie bewiesen werden: Die Bundesfestung Ulm wurde nie belagert oder umkämpft. Deshalb blieben zahlreiche Teile der Festung rund um die Stadt erhalten.

Eine Reihe der Festungswerke wurde inzwischen unter Denkmalschutz gestellt, einige werden zur Zeit instand gesetzt, wieder andere sind schon benutzbar und dienen Vereinen oder Jugendorganisationen als »sturmfreie«

Selbstverständlich mußte beim Bau der Bundesfestung auch der Donaudurchfluß durch Ulm gesichert werden. Hier eine der – heute eher idyllisch wirkenden – Donaubastionen.

Rechts: Der historische Übersichtsplan zeigt die Gesamtanlage der Bundesfestung Ulm, die 1859 fertiggestellt worden war.

Versammlungsräume. Die weitläufigen Umwallungen von Neu-Ulm wurden als öffentliche Anlagen gestaltet, Teiche und Wasserspiele im früheren Graben und eine Gartenwirtschaft in den Befestigungsmauern sind sehr viel sympathischer als der einstige kriegerische Zweck.

Von den ursprünglich 15 vorgeschobenen Forts rund um Ulm blieben 14 erhalten; sie liegen teilweise unbenutzt unter den schon beim Bau aufgeschütteten Erdwällen oder versteckt unter altem Baumbestand.

Eine düstere Rolle spielte das Fort »Oberer Kuhberg«. Die dortigen Kasematten dienten ab 1933 für einige Jahre als KZ, in dem beispielsweise Kurt Schumacher einsaß. Sie wurden in den letzten Jahren zu einem Dokumentationszentrum über die jüngste Geschichte der Stadt Ulm ausgebaut, das von Gruppen auf Voranmeldung besichtigt werden kann.

Zwei mächtige Rundtürme, dazwischen niedrige Tordurchgänge – irgendwie fühlt man sich beim Blaubeurer Tor in Ulm an die römische Porta Nigra in Trier erinnert. Doch nicht die alten Römer haben hier gebaut, das Bauwerk ist ebenfalls Teil der Ulmer Bundesfestung. Mit seinen zinnengekrönten Bastionen ist es auch Beweis für den Schöpferehrgeiz des Ingenieurs von Prittwitz, der hier Bauelemente des romantischen Klassizismus anklingen läßt. Das Blaubeurer Tor steht heute inmitten eines Verkehrskreisels und wird von einer Stadtautobahnbrücke überspannt; es ist dank einer Unterführung jedoch gefahrlos zugänglich.

Ähnlich konstruiert ist das zweite erhaltene Tor der Bundesfestung, das Ehinger Tor. Auch hier wird der breit gelagerte Baukörper durch einen Bogenfries, Eckerker und verschiedenfarbige Backsteine geschmückt.

Ein »richtiges« Schloß wie viele andere alte Städte hat Ulm übrigens nicht anzubieten. Warum das so ist, dafür gibt es eine ganz einfache Antwort: Ulm war Freie Reichsstadt, und die Macht ging nicht von einem Fürsten aus, sondern vom Rat der Stadt. Der residierte im Rathaus, das nach Zerstörung im Zweiten Weltkrieg heute in neuer alter Pracht erstrahlt und es zumindest äußerlich mit manchem Fürstenschloß aufnehmen kann.

Ruine Rusenschloß hoch über Blaubeuren

Nach dem Ausflug in den Festungsbau des 19. Jahrhunderts zurück zum Mittelalter. In der Umgebung von Ulm bot sich den Adelsgeschlechtern vor allem über dem Blautal manche markante Höhe zum Burgenbau an. Fast 150 Meter über der Blau sind auf steilen Klippen oberhalb von Blaubeuren die Reste des Rusenschlosses zu erkennen. Von der einst mächtigen und prächtigen Schloßburg blieben teil-

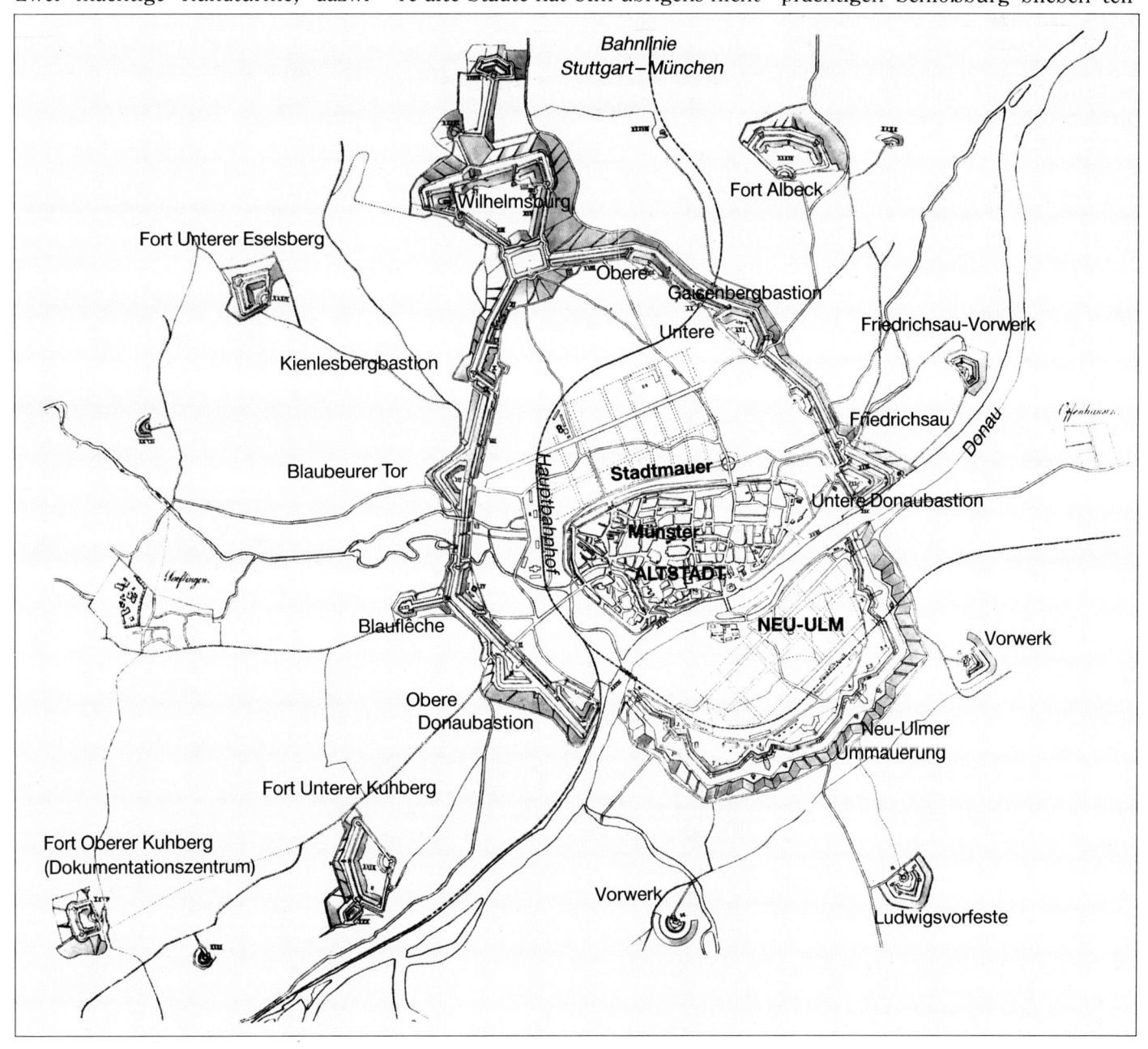

Von der Nachwelt ad absurdum geführt: Inmitten eines Verkehrskreisels steht heute das Blaubeurer Tor der Bundesfestung und wird von einer Schnellstraße überspannt.

weise wiederhergestellte Mauern, Wände, Gewölbe und Umfriedungen sowie ein gotischer Bogen erhalten, der die mehrstöckige Burg trug.

Sie entstand vermutlich im 12./13. Jahrhundert auf einer 1080 von den Pfalzgrafen von Tübingen errichteten ersten Wehranlage. 1282 übernahmen die Helfensteiner die Burg und bauten sie als Bergschloß aus. Später wechselten die Besitzer, das Schloß verfiel und mußte im Dreißigjährigen Krieg für den Fall möglicher Verteidigung hergerichtet werden.

Danach wurde die Burg baufällig und 1768 als unbewohnbar auf Abbruch verkauft. Die erhaltenen Reste legen Zeugnis von der einstigen Größe der Anlage ab; besonders eindrucksvoll ist jedoch die Lage steil über dem Blautal.

Auf einem Felsen am heutigen Stadtrand von Blaubeuren lag ein zweites

Schloß: Ruck. Es entstand vermutlich im 11. Jahrhundert. Über seine Geschichte ist wenig bekannt. Allerdings gibt es am Blaubeurer Hochaltar ein Bild vom Schloß, dessen Hauptvorwerk drei Türme trug. Das Schloß wurde 1751 abgebrochen; erhalten sind nur wenige Mauerreste und ein Kellergewölbe.

Blieb erhalten: der Bergfried von Hohenschelklingen

Schon von weitem ist hoch über Schelklingen ein mächtiger Turm zu erkennen, der sich über den Wald erhebt und je nach Beleuchtung dunkel

und bedrohlich wirken kann. Dort stand einst eine Burg, die 1127 zum erstenmal erwähnt wurde und 1534 noch gut erhalten war. Die Burganlage erstreckte sich auf dem schmalen Bergrücken, der nach drei Seiten steil abfällt. Die Burg gehörte den Grafen von Berg-Ehingen, die mit den Staufern verwandt waren. Sie befestigten Schelklingen und machten das Dorf zur Stadt. Nach dem Aussterben ihres Geschlechts kam Schelklingen zu Österreich, das den neuen Besitz wiederholt verpfändete. Die Burg wurde später aufgegeben und verfiel. Lediglich der 30 Meter hohe Bergfried blieb erhalten.

Ein steiler Zickzackweg führt vom Sportplatz durch hohen Buchenwald zu dem Turm, der wegen der dichten Bäume erst zu erkennen ist, wenn man unmittelbar davorsteht. Wer sich der Mühe des Aufstiegs unterzieht und auch den Schlüssel zum Turm dabei hat, wird durch einen eindrucksvollen Ausblick belohnt.

Viel ausgedehnter war die ebenfalls im 11. Jahrhundert entstandene Burg Hohenjustingen, die schon 1236 zum erstenmal von Friedrich II. zerstört und später wiederaufgebaut wurde. Im 16. Jahrhundert kam zur mittelalterlichen Burg eine vierflügelige Anlage, die 1834 teils abgetragen, teils

An das trübste Kapitel deutscher Geschichte erinnert das Dokumentationszentrum im Fort Oberer Kuhberg: Dort war zur Nazizeit jahrelang ein KZ eingerichtet.

Rechts: Nur noch ein paar Mauerreste des einstigen Rusenschlosses bei Ulm scheinen aus dem Kalkfelsen zu wachsen. 1768 wurde es auf Abbruch verkauft.

dem Verfall preisgegeben wurde. Die Ringmauer der alten Burg sowie Kellergewölbe und Mauern zeugen von der einstigen Ausdehnung des großen Schlosses.

Versteckte Schlösser: Neusteußlingen, Klingenstein und Oberherrlingen

Auf dem Nordende einer Bergzunge oberhalb von Talsteußlingen bei Hütten, ein paar Kilometer westlich von Schelklingen, ragen die Dächer von Schloß Neusteußlingen über den Wald. Auch hier stand schon im Mittelalter eine Burg, die zur Albhochfläche hin durch Schildmauer, Zwinger und Burggraben geschützt war. Nach mehrmaligem Besitzwechsel wurde die Burg 1582 von den Herzögen von Württemberg abgebrochen und durch ein dreiflügeliges Schloß ersetzt, das 1812 ebenfalls abgerissen wurde. Unter teilweiser Benutzung der Mauerreste entstand 1897 ein neues, bis heute bewohntes Schloß.

Vor den Toren Ulms liegt oberhalb von Blaustein an einem Steilhang über dem Südufer des Flüßchens zwischen den Bäumen ein schlichtes Schlößchen mit einem hübschen Erker und einem viereckigen Eckturm: Schloß Klingenstein. Es wurde 1756 im Barockstil erbaut und im 19. Jahrhundert verändert. Nach wie vor wird es bewohnt und ist deshalb nicht zu besichtigen. Die Mauerreste einer Burg aus dem 12. Jahrhundert liegen oberhalb des Schlosses.

Auch Oberherrlingen im Tal der Lauter, die zur Blau fließt, kann mit einem kleinen Schloß aufwarten. Oberhalb des Orts, auf einem schmalen Sträßchen erreichbar, versteckt sich auf einem Bergvorsprung über dem Tal das Renaissanceschloß Oberherrlingen zwischen hohen Bäumen. Es stammt von 1588 und hat zwei Giebel; die Fassaden sind jüngst renoviert. Vor dem Schloß liegt ein langgestrecktes landwirtschaftliches Gebäude. Das Schloß kann nur von außen durch das Hoftor betrachtet werden; es befindet sich in Privatbesitz.

Ein romantischer Blick auf die Reste der Burg Hohenschelklingen. Wer den Schlüssel zum Bergfried ausleiht und den steilen Anstieg nicht scheut, wird durch einen herrlichen Ausblick belohnt.

Die größte Burgruine auf der Schwäbischen Alb: Hohenneuffen. 335 Meter ragt sie auf einem Felsen über Neuffen empor – in der Nähe gute Absprünge auch für Drachenflieger!

Kirchheim, Wiesensteig

Die Württemberger Festungen Hohenurach und vor allem Hohenneuffen sowie Hohenwittlingen sind – zusammen mit Kirchheim und der Teck – die Glanzpunkte dieses Kapitels. Doch soll das nicht die Bedeutung anderer schmälern – etwa des (Fachwerk-)Residenzschlößchens in Bad Urach mit seiner teilweise prachtvollen Ausstattung oder der imposanten Ruine Reußenstein, an deren Felsen sommers die Kletterer üben.

Als die Grafschaft Württemberg 1442 zwischen den Brüdern Ulrich V. und Ludwig I. von Württemberg in zwei Teile aufgeteilt wurde, erhielt Urach über Nacht die Würde einer Residenzstadt. Das Wasserschloß der Grafen von Urach aus dem 11. Jahrhundert war dem neuen Herrn, Graf Ludwig I., jedoch nicht gut genug. Er ließ deshalb 1443 neben dem später abgerissenen Wasserschloß einen Neubau erstellen, das heutige Residenzschloß. Daß Bad Urach auch sonst ein zauberhaftes, bis heute großenteils erhaltenes schmukkes Fachwerkstädtchen wurde, ist der Bautätigkeit dieser Zeit zuzuschreiben.

Das Uracher Residenzschlößchen wurde zu einem verkleinerten Abbild des Stuttgarter Alten Schlosses. Die dortige weitläufige Dürnitz – der beheizte Raum mit seinen dicken Rundpfeilern – wurde in Urach allerdings durch eine zierliche vierschiffige Halle in spätgotischem Stil ersetzt. Auch nach Ende der vierzigjährigen Landesteilung, als Urach seine Bedeutung als Residenz verlor, wurde immer wieder an dem Schlößchen gebaut.

Besonders prachtvoll wurde der Palmensaal ausgestattet, der ehemalige Empfangssaal des in Urach geborenen Grafen Eberhard V. Über eine hölzerne Reittreppe vom Schloßhof aus war der Palmensaal erreichbar. Seinen Namen bekam er von den zahlreichen Palmenmotiven an den Wänden, die auf Eberhards Pilgerfahrt ins Heilige Land verweisen. Jede Palme trägt den Wahlspruch Eberhards, »Attempto« – ich wag's.

Schönster Raum ist jedoch der Goldene Saal im zweiten Obergeschoß, der unter Graf Eberhard V. gebaut und von 1582 bis 1628 im Renaissancestil umgestaltet wurde. Der in Gold blinkende Saal mit reich gegliederter Architektur, korinthischen Säulen, zwei prachtvollen Portaltüren und einem reich verzierten Ofen gehört zu den schönsten Renaissanceräumen Süddeutschlands.

Im Rokokostil ist der Weiße Saal, das ehemalige Jagd- und Musikzimmer, gehalten. Und der Waffensaal enthält seit 1981 eine Dauerausstellung zu dem Thema »höfische Jagd« mit Jagdwaffen und Gebrauchsgut vom 17. bis 19. Jahrhundert.

Äußerlich bietet die Bad Uracher Residenz das Bild eines zierlichen Schlößchens auf hohem Steinuntergeschoß. Von 1775 an diente es vor allem als Jagdschloß der Herzöge von Württemberg; im 19. Jahrhundert wurden Wohnungen eingebaut. Wegen erheblicher Bauschäden mußte das Schloß ab 1958 völlig renoviert werden; heute wird es als ständiges Museum und gelegentlich für Konzerte und Empfänge genutzt. Im Treppenhaus befindet sich eine Dauerausstellung des Schwäbischen Albvereins. Dort sind beispielsweise Modelle all der Aussichtstürme zu sehen, die oft auf den Resten alter Ritterburgen Weitblicke über die Landschaft erlauben.

Hoch über Bad Urach erheben sich auf einem kegelförmigen Berg die Reste der mächtigen Burg Hohenurach. Sie wurde schon 1235 erwähnt und gehörte den Uracher Grafen, die sie jedoch aus Geldnot 1264 an die württembergischen Nachbarn verkaufen

Rechts: Über dem freundlichen Kurpark und den modernen Gebäuden thront auf markantem Bergkegel die Festung Hohenurach, die zeitweise als Staatsgefängnis diente.

mußten. Die neuen Herren, besonders Graf Ludwig I., der auch das Residenzschloß errichtete, ließen die Festung ausbauen. Der in Württemberg bis heute vielgerühmte Graf Eberhard im Bart errichtete größere Anbauten und hielt dort ab 1490 seinen geisteskranken Vetter Heinrich von Mömpelgard fest. Die Frau des Internierten, Eva von Salm, wohnte freiwillig mit ihm auf Hohenurach.

Burg Hohenurach – eine der sieben Festungen des Württemberger Herzogs Ulrich

Der Sohn beider, der bereits mehrfach erwähnte Herzog Ulrich von Württemberg, wurde 1519 durch einen Blitzfeldzug überrumpelt und mußte das Land verlassen, bis er Jahre später durch einen ebenso schnell auf die Beine gestellten Kriegszug sein Land wiedergewann. Dabei wurde dem Herzog deutlich: Das alte Verteidigungssystem mußte der neuen Wehrtechnik angepaßt werden; ein Gürtel aus sieben Burgen wurde zu einem neuen Festungsring ausgebaut.

Eine davon war Hohenurach. Von 1530 bis 1556 entstand so die mächtige Burg- und Festungsanlage, die als uneinnehmbar galt. Die Lebensmittelvorräte reichten für eine Belagerung von mehreren Monaten. Tatsächlich wurde Hohenurach im Dreißigjährigen Krieg belagert: 200 Mann der Besatzung standen 2000 bis 3000 Belagerern gegenüber. Trotzdem blieb

die Besatzung standhaft und ärgerte die Gegner durch ständige Ausfälle und Überraschungsangriffe. Nach elf Monaten war die Besatzung aber ausgehungert und kapitulierte. Sie erhielt freien Abzug.

Urachs Bürger stellten bei den Siegern den dringenden Antrag, die unbeschädigte Festung zu sprengen. Denn die Stadt hatte unter der Belagerung furchtbar gelitten, man wollte die Militäranlage für immer loswerden. Doch erst 1765, rund 130 Jahre später, verfügte Herzog Carl Eugen den Abbruch der Burg, die unrentabel und waffentechnisch unzeitgemäß geworden war.

Zuvor war Hohenurach die düstere Rolle eines Staatsgefängnisses zugefallen, in dem nicht nur Kriminelle, sondern auch politisch Verfolgte zum Teil in Fesseln dahinvegetieren mußten. Berühmte Häftlinge waren etwa der Dichter und Professor Nikodemus Frischlin, Kanzler Matthäus Enzlin, der 1613 auf dem Uracher Marktplatz enthauptet wurde, die langjährige Geliebte von Herzog Eberhard Ludwig, Gräfin von Grävenitz, und der Baumeister Frisoni, der am Ludwigsburger Schloß mitgearbeitet hatte.

Hohenwittlingen sperrte die Paßstraße über die Alb

Auf steilem Fels hoch über dem alten Handelsweg durch das Seeburger Tal war die Burg Hohenwittlingen einst eine mächtige Festung. Sie wurde ver-

Im Uracher Residenzschloß gibt es eine Perle der Renaissance: den Anfang des 17. Jahrhunderts gestalteten Goldenen Saal; hier das württembergische Herzogswappen über der Tür.

mutlich um 1090 von Burkhardt von Wittlingen erbaut und ging etwa 1250 in den Besitz der württembergischen Grafen über. Sie hielt als eine der wenigen 1310 im Reichskrieg der Habsburger gegen Eberhard I. von Württemberg dem Feind stand. Eberhard hatte fast seine ganze Grafschaft verloren, nur Hohenwittlingen, Seeburg, Hohenurach und Hohenneuffen blieben ihm erhalten. Er konnte sein Land jedoch später zurückgewinnen und sogar vergrößern.

Als 1558 kaiserliche Stoßtrupps den württembergischen Reformator Johannes Brenz wegen Aufwiegelung suchten und in Schwäbisch Hall auch fast erwischten, fand dieser in größter Not auf der abgelegenen Burg ein sicheres Versteck. 1576 brannte die Burg aus, wurde jedoch wieder einigermaßen hergestellt und als Gefängnis »für Wilderer und andere Bösewichter« verwendet.

Das Vieh kannte den Fluchtweg zur Burg

Nach Ende des Dreißigjährigen Kriegs verfiel Hohenwittlingen. Allerdings dienten die Gemäuer später immer wieder als Fluchtort. So berichtet ein Chronist, die Wittlinger Bauern hätten im 18. Jahrhundert ihr Vieh so abgerichtet, daß es bei Freilassung im Falle der Gefahr von selbst der Burg zugeeilt sei.

Im 19. Jahrhundert dienten die Mauern der Ruine als Steinbruch. Vor 20 Jahren wurden die Reste schließlich so gesichert, daß die Burg betreten werden kann. Erhalten blieb vor allem

Aus dem auch sonst fachwerk-bunten Bad Urach ragt das Residenzschloß äußerlich gar nicht besonders heraus. Es dient heute als Museum sowie für Konzerte und Ausstellungen.

Der Blick auf die noch stehenden Außenmauern der Ruine Hohenurach läßt kaum die Vermutung aufkommen, daß diese Festung des 16. Jahrhunderts als uneinnehmbar galt.

ein größerer Teil der Schildmauer. Eindrucksvoll ist der Blick von dem Felssporn in das 200 Meter tiefer gelegene Tal der Erms und auf die dort verlaufende Paßstraße über die Alb.

Ruine Baldeck – das Mörderschlößle

Nicht weniger als fünf mittelalterliche Burgen und Rittersitze lassen sich noch heute zwischen Urach und dem Erms-Ursprung beiderseits der alten Handelsstraße nachweisen. Außer Hohenwittlingen sind dies Blankenhorn, Seeburg, die Fischburg und Ruine Baldeck. Besonders letztere, ebenfalls auf schroffem Fels über dem Tal, dürfte eine kühne, waghalsig konstruierte Burganlage auf blankem Stein gewesen sein.

Jäh schießt der Baldeckfels aus dem Tal, pyramidenförmig aufgebaut mit freistehenden Wänden und spitzen Zacken. Die Herren von Baldeck waren treue Vasallen der Grafen von Württemberg; ihre Burg wurde erstmals 1256 genannt. Vermutlich wurde sie im 16. Jahrhundert entweder aufgegeben oder zerstört.

In den folgenden Jahrhunderten diente die Ruine oft Räubern als Zuflucht; in den verlassenen Räumen wurden Opfer so lange eingekerkert, bis Lösegeld eintraf. Aus dieser Zeit stammt die noch heute gebräuchliche volks-tümliche Bezeichnung der Ruine: das Mörderschlößle. Von der Ruine selbst existieren allerdings nur noch einige Mauern.

Selbst bei nicht allzu klarem Wetter hebt sich eine mächtige Festung von der sonst wie eine geschlossene Mauer wirkenden Schwäbischen Alb ab: Hohenneuffen. Aus der Nähe wirkt die Ruine mit ihren massiven Mauern, dicken Rundtürmen und der insgesamt geschlossenen Festungsanlage sogar noch wuchtiger.

Die erste Burg auf dem Felsen dürfte

Mauern und Fundamente zeigen die Dimensionen der Festung Hohenurach, die im Dreißigjährigen Krieg elf Monate belagert wurde und dann kapitulieren mußte.

um 1100 als Hochadelssitz entstanden sein. Die Edelfreien von Neuffen konnten als treue Anhänger der Staufer ihren Besitz erheblich erweitern. Im 13. Jahrhundert blühte auf Hohenneuffen ein reges höfisches Leben, bei dem Kunst und edle Geselligkeit zu Ehren kamen, war doch Burgherr Gottfried von Neuffen ein berühmter Minnesänger. Doch 1235, beim Aufstand des Staufers Heinrich VII. gegen seinen Vater Friedrich II., stand Gottfried auf der falschen Seite und gehörte zu den Verlierern – er mußte die Burg abtreten.

Mächtigste Festungsruine der Schwäbischen Alb: Hoheneuffen

1301 wurde die Burg an Graf Eberhard I. von Württemberg verkauft. Der erneuerte die Befestigungsanlagen, so daß sie mehrere Belagerungen überstand. Immer mehr wurde Hohenneuffen zur Festung ausgebaut. Bei der wiederholt erwähnten Reorganisation der Landesverteidigung zwischen 1543 und 1562 unter Herzog Ulrich und seinem Sohn Herzog Christoph wurde Hohenneuffen, wie Hohenurach, zu einer gewaltigen Festung.

Der mittelalterlichen Ritterburg wurde ein äußerer Verteidigungsring vorgelagert, an dessen Ecken die gewaltigen Rundtürme entstanden. Sie waren notwendig, als mit der Erfindung des Schießpulvers Geschütze aufkamen. Vor dieser Hauptringmauer liegen mehrere Vorwerke.

Der einzige Zugang zu der Festung von der Albhochfläche her wurde zwischen 1736 und 1772 soweit wie möglich abgetragen, so daß die Burg heute wie auf einem Kegel thront. Damals entstand der gewölbte, tunnelartige Durchgang unter der Friedrichsbastion. Durch ihn erreicht der Besucher den steil aufragenden Wachstubenturm, einen der Ecktürme. Vom Schwarzen Turm kommt man zur westlichen äußeren Ringmauer, wo der Fels steil nach Neuffen abfällt.

Durch das Schwarze Tor wird die eigentliche Festung betreten. Dort liegt hinter einer Gittertür der Eingang zu mehreren mit einem Laufgang verbundenen Kasematten. Im Burghof, wo früher der Palas stand, befindet sich heute eine Burggaststätte. Die innere Ringmauer, von der die alte Ritterburg vollkommen umschlossen war, ist noch zu erkennen; ihre Stärke betrug über drei Meter. Eine Treppe führt zu einem als Aussichtsturm gestalteten Mauerteil.

Daß Hohenneuffen heute eine Ruine ist, geht nicht auf kriegerische Auseinandersetzungen zurück. Weder im Streit Herzog Ulrichs mit dem Schwäbischen Bund noch im Bauernkrieg ist die Festung eingenommen worden; sie wurde entweder übergeben oder hielt den Belagerungen stand. 1549 allerdings flog ein Teil der Festung in die Luft, als ein Blitz in das Pulvermagazin schlug.

Im Dreißigjährigen Krieg wurde die erneut verstärkte Festung 1634/35 belagert und sollte von einer unterirdischen Mine gesprengt werden. Der Versuch mißlang: Zu mächtig waren die Felsen und Mauern. Trotzdem übergab der Kommandant nach einiger Zeit entnervt die unbesiegte Festung, obwohl noch reiche Lebensmittelvorräte da waren. Später wurde sie an den Herzog von Württemberg zurückgegeben.

Das Schicksal vieler Burgen ereilte auch Hohenneuffen: Sie wurde zum Steinbruch

1733 wollte Herzog Carl Alexander aus Hohenneuffen eine moderne Festung nach dem Vorbild der französischen Festungsbauer machen. Als der Herzog starb, wurden die Arbeiten nach einiger Zeit eingestellt. Die nicht vollendeten Bauten verfielen, niemand kümmerte sich darum. 1796 beschloß der Landtag sogar offiziell, nichts mehr in die Erhaltung der Festung zu investieren. Die Gebäude wurden auf Abbruch verkauft, später war Hohenneuffen Steinbruch der umliegenden Orte. Heute wird die als Ausflugsziel beliebte Ruine vom Land instand gehalten.

Weniger rühmlich als die Kampfesgeschichte ist die Rolle, die Hohenneuffen als Landesgefängnis spielte. Herzog Ulrich hielt dort 1512 Abt Georg Fischer von Zwiefalten gefangen, weil dieser dem Herzog kein Darlehen geben wollte. Später ließ er den Burgvogt Bälz von Neuffen festsetzen und zu Tode foltern; auch der Landtagsabgeordnete Conrad Breuning, dem Ulrich Hochverrat vorwarf, wurde grausam gefoltert und später hingerichtet. Unter unzähligen Namenlosen, die in den finsteren Verliesen eingekerkert

Links: Etwa 1190 wurde Hohenwittlingen erbaut, mußte manchen Kampf bestehen, brannte aus und verfiel später, war aber noch lange Fluchtort – etwa für das Vieh der Wittlinger Bauern.

waren, befand sich 200 Jahre später auch Herzog Carl Alexanders Finanzmann Jud Süß Oppenheimer als Häftling in einem der Verliese, in das man heute durch ein Eisengitter am Boden der Bastei blicken kann. Jud Süß wurde 1737 zum Tode verurteilt und hingerichtet.

Eine Burg im Tal: Ruine Sulzburg

Während die meisten Burgen der Schwäbischen Alb auf markanten Höhen oder einzelstehenden Bergen errichtet wurden, liegt die Sulzburg nur wenig erhöht auf einem Hügel im Lenninger Tal zwischen Hohenneuffen und Teck. Sie wurde im 14. Jahrhundert erbaut und war damals im Besitz der Herren von Neidlingen. Später wechselte sie mehrmals den Besitzer. Noch um 1780 war die Sulzburg bewohnt, erst im Lauf des 19. Jahrhunderts wurde sie aufgegeben und verfiel allmählich.

Mit ihrer Schildmauer und den zwei Meter dicken Mauern der kleinen Kernanlage war die Sulzburg zwar befestigt, wegen ihrer geringen strategischen Bedeutung wurde sie jedoch nie zur eigentlichen Festung ausgebaut wie etwa Hohenneuffen oder Hohenurach. So war es auch nicht nötig, um die Burg ernsthaft zu kämpfen oder sie gar zu belagern. Dazu war sie viel zu unbedeutend. Sie überstand auch die Zeit des Burgensterbens und wurde erst sehr viel später aufgegeben, als der Wohnkomfort nicht mehr ausreichte.

Man betritt die Ruine durch ein Bogentor in der Schildmauer, wo der ältere Teil der Burg gestanden hat. Etwas erhöht folgt dann der rechteckige jüngere Teil, vermutlich aus dem 14. Jahrhundert. Zwischen beiden Bauteilen war ein kleiner Hof. 1712, als die Burg noch voll bewohnt war, enthielt sie in zwei Stockwerken 17 Räume und vier Ställe. Sie war damals Mittelpunkt eines Gutsbetriebes.

In den letzten Jahrzehnten wurde die Sulzburg renoviert und teilweise etwas erhöht, um den Ausblick zu verbessern. So sind die Grundrisse von Räumen und Stallungen wieder deutlich zu sehen; eine Steintreppe führt zum höchsten Punkt der Ruine. Unter der Burg blieben einige Gewölbe erhalten.

Schon im 18. Jahrhundert stand an der Stelle der heutigen Stadt Kirchheim unter Teck ein fränkischer Königshof. Im 11. Jahrhundert war Kirchheim im Besitz des bedeutenden Geschlechts der Zähringer, die es 1190 ihren Verwandten, den Herzögen von Teck, übergaben. Diese verliehen Kirchheim um 1230 das Stadtrecht und befestigten die Siedlung mit einer mächtigen Mauer; am Rande der Stadt entstand eine Wasserburg. 1381 kamen die Grafen von Württemberg in den Besitz von Kirchheim.

Zu Herzog Ulrichs Festungsgürtel um das Kernland gehörte neben Hohenneuffen und Hohenurach auch Kirchheim, obwohl es keine große strategische Bedeutung hatte. Kirchheim wurde vermutlich deshalb gewählt, weil die Stadt während der Vertreibung des Herzogs bis zuletzt getreulich zu ihm gehalten hatte.

Kirchheim: Schloß und Kirche als Eckpunkte der neu befestigten Stadt

Herzog Ulrich ließ die mittelalterliche Wasserburg abbrechen und an ihrer Stelle ab 1538 ein mächtiges Wasserschloß mit Türmen und Rundbastionen bauen. Das Schloß selbst wurde zu einer vierflügeligen Anlage, die sich um einen Innenhof gruppiert. Sie bildete eine Ecke der Stadtbefestigung, als zweite Ecke diente die Stadtkirche. Mit einer doppelten Stadtmauer und vier Tortürmen, Wall und Wassergraben wurde zusammen mit dem Schloß die ganze Stadt zu einer Festung, die nach dem Schmalkaldischen Krieg 1547/51 von spanischen Truppen wie auch später im Dreißigjährigen Krieg jahrelang von den Kaiserlichen hart bedrängt wurde.

Ulrichs Sohn Herzog Christoph verstärkte das Schloß mit mächtigen Ba-

Rechts: Das Herzogswappen auf Hohenneuffen erinnert an Herzog Ulrich, der die Burg zur Festung ausbauen ließ und hier im übrigen manch ihm nicht genehmen Zeitgenossen brutal foltern ließ.

In den vergangenen Jahrzehnten wurde die Ruine der Sulzburg wiederhergerichtet; teilweise hat man die Mauern etwas erhöht, um einen besseren Eindruck zu vermitteln.

stionen an den Ecken. 1594 verlegte Herzog Friedrich I. seinen Hof zeitweilig in das Kirchheimer Schloß, weil in Stuttgart die Pest ausgebrochen war. Als 1690 die Stadt Kirchheim fast völlig von einem Brand zerstört wurde, überstand das Schloß die Katastrophe unbeschädigt.

Wenn nicht gerade Krieg war und die Herzöge sich nicht im Schloß aufhielten, wurde es von einem Vogt verwaltet. Er hatte ein ansehnliches Waffenarsenal zu verwalten und Soldaten auszubilden. Ab 1628 bekam Schloß Kirchheim eine neue Aufgabe: Es wurde herzoglicher Witwensitz.

Heute beherbergt das Schloß mehrere Schulen und Institute. Aus dem Wassergraben wurde eine Grünanlage mit Blumen und mächtigen Bäumen, doch der Charakter des Wasserschlosses ist geblieben. Dazu tragen vor allem die mächtigen Steinsockel, ein runder Eckturm am Schloß, eine Bastion am Stadtgraben und eine mächtige Verteidigungsmauer bei. Im Schloß sind drei Zimmer von Franziska von Hohenheim und Herzogin Henriette mit Originaleinrichtungen renoviert und nun der Öffentlichkeit zu bestimmten Zeiten zugänglich.

Wahrzeichen der Alb: die Ruine Teck

Auf der Fahrt über die Autobahn A 8 von Stuttgart nach München sieht der Autofahrer etwa auf der Höhe von Kirchheim auf der rechten Seite eine Viertelstunde lang einen schlanken, spitzen Turm auf der vordersten Spitze eines langgestreckten Höhenzugs: die Teck.

Lange schon ehe Württemberg Herzogtum geworden war, residierte dort ein Herzog Adelbert von Teck aus dem Hause Zähringen. Die Burg war vermutlich vor 1150 von Konrad von Teck gebaut worden, ihre Glanzzeit begann jedoch erst 1188 mit Adelbert. Jetzt wurde sie Herrschafts- und Verwaltungsmittelpunkt der Herzöge von Teck, die nach dem Aussterben der Staufer die vornehmste Familie in Schwaben war und als einzige den Herzogtitel führen durfte.

Ihre politische Bedeutung demonstrierten die Teckherzöge durch einen Ring von Burgen, den sie um die Teck bauen ließen. Darunter waren die Diepoldsburg, Hahnenkamm, Mannsberg, Schloßberg, Wielandstein, Gutenberg, Sperberseck und einige Dorfburgen. Die meisten sind heute verschwunden.

Im Gegensatz dazu stand jedoch die wirtschaftliche Lage. Das relativ kleine Herrschaftsgebiet bot den zahlreichen Mitgliedern der Familie sowie den vielen ritterlichen Dienstmannen, Künstlern, Gelehrten, Handwer-

Heute wie einst: unten die Siedlung, oben auf steiler Höhe die abweisend-bedrohliche Burg. Das ganze Areal der Festung Hohenneuffen steht seit vielen Jahren unter Denkmalschutz.

kern und dem Gesinde kein ausreichendes Auskommen. 1303 mußten deshalb die halbe Burg und die halbe Stadt Kirchheim an die Habsburger verkauft werden, von denen diese Hälfte zunächst als Pfand, 1326 dann endgültig in das Eigentum der Grafen von Württemberg überging. 1359 mußten die Teckherzöge auch noch den Rest an die Württemberger Grafen verpfänden und 1381 schließlich verkaufen.

Die Teckherzöge zogen in ihre neu erworbene Herrschaft Mindelheim im heutigen Bayern. Zwar war es den Grafen von Württemberg um den Nimbus der Herzogsburg gegangen, doch verlor die Teck ihre Funktion als Residenz. Württemberg wurde erst 1495 zum Herzogtum.

Im Bauernkrieg war die Teck heftig umkämpft

Trotz ihrer beträchtlichen Ausdehnung von rund hundert Meter Länge und 40 Meter Breite war die Burg nicht überdurchschnittlich befestigt. Immerhin war sie von den Württembergern wieder instand gesetzt worden. Als 1519 der Schwäbische Bund gegen Herzog Ulrich von Württemberg kämpfte, hielt die Burg dem Ansturm nicht stand. Sechs Jahre später

Leben im Burghof, Menschen oben auf dem Turm, in der Luft ein Segelflieger – Burg Teck liegt nicht verwaist da. Ein Wanderheim des Schwäbischen Albvereins sorgt für Trubel.

wurde sie im Bauernkrieg erneut eingenommen, diesmal in Brand gesetzt und gründlich zerstört.

Als Herzog Carl Alexander im 18. Jahrhundert die Teck wie auch Hohenstaufen zu einer modernen Landfestung ausbauen wollte, wurden die Reste der Ruine teilweise abgetragen und neue Befestigungsanlagen gebaut. Nach dem überraschenden Tod von Carl Alexander 1737 kamen die Bauarbeiten zum Erliegen; die fertigen Gebäude wurden abgebrochen.

Heute sind von den verschiedenen Bauepochen der alten Burganlage, die nur von der Albhochfläche her betreten werden kann, noch Reste der Ringmauer von der ältesten Burg, die Grundmauern von Türmen und Gebäuden der Herzogsburg und Reste der geplanten Festung aus dem 18. Jahrhundert erhalten.

Ihren jetzigen Charakter erhält die Teck jedoch durch Gebäude jüngeren Datums. 1889 baute der Verschönerungsverein Kirchheim ein Rondell zu einem Aussichtsturm aus. Als 1954 die Teck in den Besitz des Schwäbischen Albvereins überging, entstand ein großzügiges Wanderheim mit Halle und Wirtschaftsräumen, der Turm erhielt seine heutige Form.

Die gütige Burgfrau und ihre wilden Söhne: Sage um das Sybillenloch

Unterhalb der Ruine Teck liegt das Sybillenloch, eine etwa 20 Meter lange

In viel Grün gebettet ist die Ruine der Diepoldsburg, die auch Rauber genannt wird. Im 13. oder 14. Jahrhundert wurde die Burg errichtet, seit vier Jahrhunderten verfällt sie.

Rechts: Die Stadtkirche und das mächtige Vierflügelschloß markieren die beiden Eckpunkte der einst von Herzog Ulrich vollkommen befestigten Stadt Kirchheim unter Teck.

Höhle. Hier befindet sich nach der Sage der Eingang zu einem geheimnisvollen unterirdischen Schloß, in dem die Sybille wohnte. Sie war eine gütige und weise Frau, die den Armen von ihren Schätzen gab und den Menschen mit Rat und Hilfe zur Seite stand. Doch ihre drei Söhne führten ein wildes Leben. Sie bauten eigene Behausungen auf der Teck, dem Wielandstein und Diepoldsfelsen und tyrannisierten nicht nur die gütige Sybille, sondern auch die Menschen in der Umgebung.

Aus Scham und Kummer darüber verließ Sybille ihr unterirdisches Reich. Eines Abends fuhr sie mit einem feurigen Wagen, der von zwei wilden Katzen gezogen wurde, aus der Burg und erhob sich in die Lüfte. Zwischen der Spur ihres Wagens wachsen – als letzte Wohltat für die Menschen – bis auf den heutigen Tag Gras und Getreide üppiger als in der Umgebung. Die Sybillenspur ist übrigens tatsächlich zu erkennen. Ausgrabungen belegen, daß es sich um ehemalige Gräben handelt, die mit Humus aufgefüllt worden waren. Wann und wer dies getan hat, bleibt im Dunkel der Geschichte. Doch die Sage von der Sybille, vermutlich auf ein vorchristliches Heiligtum zurückgehend, lebt bis heute weiter.

Geheimnisse der Ruine Diepoldsburg, die auch Rauber genannt wird

Der wildeste der drei Brüder in der Sage der Sybille von der Teck hauste auf einem Felsen oberhalb eines Sattels zwischen Teck und Albhochfläche. »Rauber« nannte Sybille ihren mißratenen Sohn, und Rauber wird auch die Ruine genannt, die, heute teilweise vom Wald verdeckt, an schaurige Raubritterzeiten erinnert. In Wirklichkeit handelt es sich um die untere der beiden Diepoldsburgen, deren obere, vermutlich die ältere, um 1210 erstmals erwähnt wurde. Erst um 1300 ging die Diepoldsburg in den Besitz der Herzöge über. Von der oberen Burg beim heutigen Diepoldshof sind nur noch spärliche Reste zu sehen. Ganz anders die untere Diepoldsburg, Rauber. Sie wurde vermutlich im 13. oder 14. Jahrhundert auf dem nach drei Seiten steil abfallenden Felsen gebaut, der nach hinten durch einen Graben geschützt war. Heute führt eine Holzbrücke über den Graben in die geheimnisvolle Ruine, von der noch einige Umfassungsmauern existieren. Dazwischen wachsen Bäume und Sträucher. Größere Befestigungsanlagen sind nicht zu erkennen; auch die Mauern wurden – vermutlich aus Geldmangel – recht schwach ausgeführt. Um 1400 kam die Burg in den Besitz der Grafen von Württemberg, die sie als Lehen weitergaben. Vermutlich wurde die Burg im 16. Jahrhundert verlassen und verfiel.

Ob es der Name Rauber ist oder die Geschichte von der Sybille und ihren bösen Söhnen oder einfach die Lage auf dem Felsblock, der wegen der hohen Bäume am Steilhang leider nicht mehr so exponiert erscheint, wie er

Eine beliebte Übungswand für Kletterer tut sich direkt unter der Ruine Reußen- stein auf. Nicht ganz so Mutige genie- ßen von der Ruine herrliche Rundblicke in die Landschaft.

tatsächlich ist – jedenfalls ist die nur zu Fuß erreichbare Ruine Rauber heute ein beliebtes Wanderziel.

Nur Riesen konnten Burg Reußenstein gebaut haben

Auf dem scheinbar unzugänglichen, steil aufragenden und von der Umge- bung isolierten Reußensteinfelsen steht eine mächtige Burg. Als Erbauer dieser gewaltigen Anlage nennt die Sage den Riesen Heim von Heimen- stein, der Schloß Reußenstein mit Hilfe der Menschen aus der Umge- bung errichtete. Als das Bauwerk fast fertig war, fehlte nur noch ein Nagel an der äußersten Spitze des Turmes hoch über dem jähen Abgrund. Der Riese verweigerte deshalb die Bezah- lung seiner Handwerker. Schließlich faßte ein armer Schlossergeselle ge- gen die Zusage des zehnfachen Lohns den Mut und stieg hinauf. Riese Heim packte ihn am Genick und hielt ihn über den Abgrund, so daß der Schlos- ser die Arbeit verrichten konnte. »Zwerg, das hast du brav gemacht«, sprach der Riese und bezahlte großzü- gig den versprochenen Lohn.

Tatsächlich liegt die Geschichte dieser eindrucksvollen und gut erhaltenen Ruine weitgehend im dunkeln. Erst- mals urkundlich erwähnt wird Reu- ßenstein 1383, doch muß die Burg schon vorher entstanden sein, viel- leicht sogar bereits hundert Jahre frü- her. Möglicherweise war ihr Erbauer Ritter Ditho vom Stain aus Kirch- heim, der zu den Ministerialen der Herzöge von Teck gehörte. Grund für den Bau in so exponierter Lage waren sowohl die Sicherung der Albaufstie- ge, also der Handelsstraßen, als auch der Schutz des Herrschaftsgebiets.

Der Sohn des vermutlichen Erbauers, Johann vom Stain, verkaufte die Burg an seine Vettern Konrad und Heinrich Reuß von Kirchheim, darauf dürfte der Name Reußenstein zurückgehen. Er wurde jedenfalls erstmals genannt, als die Familie Reuß die Burg 1371 an einen ungenannten Erwerber ver- kaufte.

Zwischen 1371 und 1441 wechselte

Schon eine Weile gestanden haben muß Burg Reußenstein, als sie 1383 das erstemal erwähnt wurde. Die mehrfach eroberte Burg wurde nie zerstört, sondern zerfiel langsam.

Reußenstein nicht weniger als elfmal den Besitzer. Dabei wurde die Burg in politische und kriegerische Auseinandersetzungen verstrickt und zum begehrten Kauf- und Pfandobjekt halbselbständiger Adliger. Diese Ritter gebrauchten die stolze Burg nicht nur, um standesgemäß zu residieren, sondern setzten sie auch als starke Wehr für ihre Interessen und Absichten ein. 1383 sicherte sich die erstarkende Grafschaft Württemberg das Vorkaufsrecht.

Später wurde Reußenstein von Söldnern der Reichsstädte den Württembergern abgenommen, zurückerobert und bekam immer wieder neue Besitzer. Trotz der mehrmaligen Eroberungen wurde Reußenstein nie zerstört, sondern ab Mitte des 16. Jahrhunderts verlassen und verfiel danach langsam. Im 19. Jahrhundert bildete sich eine Gesellschaft zur Erhaltung Reußensteins, und vor gut 20 Jahren wurde die stattliche Ruine instand gesetzt und zugänglich gemacht.

Mit dem tiefen Burggraben war Reußenstein von allen Seiten unzugänglich

Der von der Albhochfläche abgesetzte, freistehende Felsen war einst viel enger mit dem dahinterliegenden Berg verbunden. Beim Bau der Burg wurde die natürliche Vertiefung zwischen Albrand und Burgfels jedoch erweitert und mit steilen Mauern gegen jede Annäherung an die Burg gesichert. Von der Vorburg auf der Albhochfläche betritt man durch den so erweiterten Hals- oder Burggraben die Hauptburg.

Der Weg führt vom ehemaligen Haupttor am Fels entlang zur Unterburg, die durch verschiedene Türme gesichert war. Im Innenhof befand sich eine Zisterne, die erst bei den Renovierungsarbeiten 1966 entdeckt wurde. An den Hang zwängten sich die Ökonomiegebäude und ein gewölbter Kellerraum, der wegen Baufälligkeit abgesichert wurde.

Zur oberen Burg geht es an Basteien vorbei und über einen Steg zum oberen Felsentor. Nun steht man nicht, wie bei den meisten anderen Burgen, im Burghof, sondern im Untergeschoß des Wohnhauses (Palas). Anhand von Fensteröffnungen und Mauerlöchern sind fünf Geschosse im Palas nachzuweisen. Eine Treppe führt in den oberen Burghof, wo sich auf der höchsten Stelle der Felsnadel der einstmals 20 Meter hohe Bergfried erhebt. Er ist heute noch etwa 16 Meter hoch, aber nicht begehbar. Sein unterer Teil diente als Burgverlies. Auf der Südseite befand sich in 15 Meter Höhe der Eingang, durch den sich die Burgbewohner zu ihrer letzten Zuflucht retten und die Leitern dann heraufziehen konnten. Die noch gut erhaltenen Reste Reußensteins haben die Atmosphäre einer mittelalterlichen Wehr- und Ritterburg bis in unsere Zeiten herübergerettet.

Württembergs Wiedervereinigung im Münsinger Schloß

Mit der Teilung Württembergs 1441, die zum Aufstieg von Urach als Residenz und zum Bau des Residenzschlosses führte, haben wir dieses Kapitel begonnen. Mit der Wiedervereinigung des Landes soll es beendet werden: 1482 schlossen Graf Eberhard im Bart und sein Vetter Eberhard der Jüngere einen Vertrag, nach dem das geteilte Land »für ewige Zeiten ungeteilt« bleiben solle und Graf Eberhard im Bart die alleinige Führung übernahm. Er wurde später Herzog.

Dieser Vertrag wurde im Münsinger Schloß unterzeichnet und ging als Münsinger Vertrag in die Geschichte des Landes ein. Das einfache, aber massive Steinschloß wurde im 14. und 15. Jahrhundert gebaut und im 17. Jahrhundert umgestaltet. Es bietet sich heute als schlichtes Stadtschloß dar und beherbergt Behörden sowie das Heimatmuseum.

Links: Noch einmal Burg Reußenstein, die – 1965/66 instand gesetzt – Ziel von Wanderern und Ausflüglern ist. Hier geht der Blick von der Oberburg hinunter auf die sogenannte Unterburg.

So ein großes Fenster hatte eine
richtige Waffenhalle einer mittelalterlichen Burg wohl nie, doch Burg
Lichtenstein sollte das Ideal- und kein
Originalbild einer Burg sein.

Von

Lichtenstein ins Lautertal

Während von dem Schloß auf der Achalm bei Reutlingen nur noch bescheidene Reste erhalten sind, strahlt Schloß Lichtenstein in kompletter Burgenpracht. Kein Wunder – es ist erst knapp 150 Jahre alt! In enger Nachbarschaft stehen die echten Ritterburgen am oberen Flußlauf der Großen Lauter: Grafeneck, Hundersingen, Hohengundelfingen, Derneck und viele mehr. Und zum Abschluß die Barockschlösser Mochental und Ehrenfels.

Wie ein Kegel erhebt sich über der lebendigen Industriestadt Reutlingen die Achalm, auf der ein Turm gerade über die Gipfel der Bäume schaut. Der Bergfried einer alten Burg, könnte man meinen, doch es handelt sich um einen Aussichtsturm aus dem 19. Jahrhundert.

Die Achalm war eine wichtige mittelalterliche Burg, über deren dramatische Geschichte im Gegensatz zu vielen anderen Burgen ziemlich genaue Aufzeichnungen existieren. Schon 1030 wurde auf dieser dominierenden Anhöhe von den Gaugrafen Egino und Rudolf die Burg begonnen. Das Geschlecht starb jedoch aus, die Burg hatte in den folgenden Jahren wechselnde Besitzer.

Eine wichtige Rolle spielte sie beim Familienstreit zwischen dem Hohenstaufer Kaiser Friedrich II. und seinem Sohn König Heinrich. Der Besitzer der Achalm, Heinrich von Neuffen, stand auf der Seite des Königs und organisierte mit ihm den Widerstand gegen den Kaiser. Doch der König unterlag, die Achalm wurde vom Kaiser konfisziert und blieb auch nach dem

Gut befestigt liegt die Stadt Reutlingen auf diesem Stich von Matthäus Merian und »eine starke Meil von Tübingen« entfernt. Im Hintergrund steht auf der Achalm noch eine Burg.

Untergang der Hohenstaufer Reichsburg. Später wurde sie württembergisch.

Der Freien Reichsstadt Reutlingen war die nahe Achalm jedoch ein ständiger Dorn im Auge, zumal die Grafen von Württemberg sich die Stadt gerne einverleibt hätten. Als Graf Ulrich von Württemberg Reutlingen von der Achalm aus 1377 mit einem Ritterheer belagerte, kamen die Truppen des Schwäbischen Städtebundes der Stadt zur Hilfe und besiegten vor den Toren Reutlingens die Württemberger. Reutlingen blieb Freie Reichsstadt, die Achalm wurde nie erobert.

1587 wird die Burg noch als »fürnehmes Schloß« beschrieben, doch hatte sie ihre militärische Bedeutung verloren. Kurz vor Ende des Dreißigjährigen Kriegs wurde sie teilweise abgebrochen, um Feinden keinen Schutz zu gewähren. Zwischen 1650 und 1658 endgültig geschleift, sind heute nur noch die Reste eines eingefallenen Tores, einige Umfassungsmauern und der 1838 auf alten Grundmauern neu aufgebaute Turm zu sehen.

Die Forschung führt den Namen Achalm auf den Bach Ach zurück, der an der Alm entspringt. Viel schöner erzählt jedoch eine Sage die Entstehung des Namens. Beim Bau der Burg durch die Brüder Egino und Rudolf gerieten zwei Bauarbeiter in heftigen Streit. Egino wollte die Streithähne trennen und wurde von einem von ihnen tätlich angegriffen. Er ließ den Täter in das schon fertige Burgverlies sperren, doch der entfloh, lauerte einige Tage später dem Grafen auf und stach ihn nieder. Mit letzter Kraft erreichte Egino die Burg, wo er zusammenbrach und im Sterben die Worte »Ach Alm« hauchte. »Ach Allmächtiger« wollte er sagen, doch sein Bruder Rudolf faßte die Worte als Letzten Willen des Sterbenden auf und nannte die Burg Achalm.

Die alte Burg Lichtenstein ist nur noch Ruine

Auf Bildern hat wohl jeder schon Lichtenstein gesehen, das kleine, mit dem Felsen verwachsen erscheinende Schlößchen mit zinnenbewehrtem Rundturm hoch über dem Echaztal. Doch die ursprüngliche Burg Lichtenstein stand einige hundert Meter vom heutigen Schloß entfernt auf einem dominierenden, aussichtsreichen Felsen. Sie wurde von den seit 1190 bezeugten Rittern von Lichtenstein erbaut, 1310 von den Reutlingern zerstört und wiederaufgebaut.

Im Krieg Reutlingens und der Reichsstädte gegen Graf Eberhard ist Burg Lichtenstein von den Reutlingern erneut so gründlich dem Erdboden gleichgemacht worden, daß seitdem nur noch einige spärliche Reste, alte Ringwälle sowie in die Felsen getriebene Gänge und Gelasse zu erkennen sind. Unverändert eindrucksvoll ist jedoch die Aussicht von der Ruine auf die tief unter dem Felsen liegenden Häuser von Honau, auf das Tal und das Neckarland.

Nach der Zerstörung der alten Burg Lichtenstein bauten die Grafen von Württemberg, denen der Besitz 1389 zugesprochen wurde, ab 1394 eine neue Burg an der Stelle des heutigen

So bieten sich heute Reutlingen und Achalm dem Betrachter dar (Blick vom unteren Georgenberg). Die Burg auf der Achalm wurde im 17. Jahrhundert geschleift.

Schlosses. Das starke, finster wirkende Gebäude aus mächtigen Quadern war nur über eine lange Zugbrücke erreichbar. Als eine der stabilsten Burgen des Mittelalters trotzte es vier Jahrhunderte den Stürmen der Zeit. Die Burg wurde vor allem in den Bauernkriegen mehrmals belagert und angegriffen, aber nie eingenommen. Vom 16. Jahrhundert an wurde diese »neue« Burg Lichtenstein nur noch von Förstern bewohnt, allmählich verfiel sie. 1802 wurden die baufälligen Gemäuer abgetragen und unter Benutzung der Grundmauern ein einfaches Forstschlößchen gebaut. Es diente ab und zu den württembergischen Herrschern als Jagdhaus.

Wilhelm Hauffs Roman regte zum Neubau an

1826 schrieb der noch nicht 25jährige Wilhelm Hauff den dreibändigen Roman »Lichtenstein«, mit dem er den geschichtlichen Roman in Deutschland mitbegründete. Im Mittelpunkt der Handlung steht Herzog Ulrich, der vom Schwäbischen Bund vertrieben wird und sich in der Nebelhöhle versteckt. Nachts schleicht er sich auf den nahen Lichtenstein, wo er von Ritter Georg von Sturmfeder trotz dessen politischer Gegnerschaft versorgt wird. Zwischen Ulrich und dem Burgfräulein Marie von Lichtenstein spielt sich eine rührende Liebesgeschichte ab. Der geschichtliche Hintergrund im Roman entspricht einigermaßen den Tatsachen, viele Personen und vor allem die Handlung sind jedoch weitgehend erfunden.

Der Roman wurde schon damals zu einem Welterfolg, der bis in unser Jahrhundert anhielt. 1837 erwarb Herzog Wilhelm von Urach das Areal des Lichtensteins von seinem Vetter König Wilhelm. Durch Hauffs Roman angeregt, baute er nach Plänen des Nürnberger Architekten Heideloff ein romantisches Schlößchen, das bis heute zum Abbild dessen wurde, was sich kleine Jungen unter einer Ritterburg vorstellen.

55

In den Neubau konnten die Mauern der alten Burg bis zum zweiten Stockwerk und die in die Felsen getriebenen unteren Gelasse einbezogen werden. Vorwerk und Zugbrücke wurden den ehemaligen Anlagen nachgebildet. 1842 ist das neue Schlößchen in Anwesenheit von König Wilhelm eingeweiht worden.

Unmittelbar auf dem Felsen: die Waffenhalle

Auf der steilen Felsnadel gehen die Felsen scheinbar nahtlos in das Mauerwerk über. An einer Stelle im Schloß ragt der Fels sogar aus dem Fußboden. Vom Schloßhof mit verschiedenen Verwaltungsgebäuden betritt der Besucher das Schloß über die ehemalige Zugbrücke. Zwei eckige Wachtürmchen schützen den Eingang zum Vorwerk der eigentlichen Burg. Durch den Turm gelangt man in die Waffenhalle unmittelbar auf dem Felsen. An den Wänden sind Ritterrüstungen, Hellebarden und Schwerter ausgestellt, die Rundbogenfenster zeigen Glasmalereien. Den Mittelpfeiler, der die Holzdecke stützt, schmücken spätgotische Schnitzereien.

Vom Publikum viel bestaunt wird die originelle Trinkstube mit einer über Stufen erreichbaren Kanzel, von der

Links: Seit 1842 steht so Burg Lichtenstein hoch über dem Tal der Echaz. Zusammen mit dem pompösen Neuschwanstein in Oberbayern gehört es zu den wohl bekanntesten Burgen-Neuschöpfungen des vorigen Jahrhunderts.

Im Rittersaal auf Burg Lichtenstein sind viele Gestalten aus Hauffs gleichnamigem Roman dargestellt und Persönlichkeiten aus der Geschichte Württembergs.

Königszimmer wurde nach Heideloffs Plänen als Ahnensaal ausgestaltet. Besonders eindrucksvoll treten die Wand- und Deckengemälde hervor, von buntem Rankenwerk eingefaßt. Sie zeigen Szenen aus dem Leben eines Ritters; das Rankenwerk bildet den Stammbaum des württembergischen Fürstenhauses. Im Wappenzimmer sind in Form eines Frieses die Siegelbilder der Grafen von Württemberg aufgemalt.

Der Rittersaal ist vielen Gestalten gewidmet, die in Wilhelm Hauffs Roman auftauchen oder die sonst in der Geschichte des Landes Bedeutung haben – von den Herzögen von Württemberg bis zu Götz von Berlichingen, Hans von Rechberg und Ludwig von Helfenstein. Und immer wieder ist der alte Wahlspruch der Württemberger zu lesen, der nicht erst seit Hauff das Hei-

wohl Trinksprüche geschmettert wurden. Auf Tischen und Regalen sind zinnerne Schalen und Kannen, Krüge, Becher und Gläser aus böhmischem und venezianischem Glas ausgestellt. Das Sektglas an der Decke hat mit 197 Zentimeter Länge genau die Größe des Herzogs. Oberhalb der Holzvertäfelung sind auf einem bunt bemalten Wandfries Jagdszenen, Trinksprüche und durch Girlanden verbundene Wappen dargestellt.

Eine völlig andere Atmosphäre strahlt die kleine Schloßkapelle aus, die an die Kapellen von Klöstern erinnert. Deckengewölbe und Schlußstein entsprechen den Rosenkranzdarstellungen des Veit Stoß in der Lorenzkirche in Nürnberg. Die Fenster sind tief in die Wände eingelassen und mit wertvollen Glasmalereien verziert. Besonders bedeutend ist der große Altarflügel mit der Darstellung des Todes Marias. Die um 1450 von einem unbekannten Meister, nun Meister von Lichtenstein genannt, geschaffene Arbeit stammt aus der St. Moritzkirche in Rottenburg-Ehingen.

Über eine Wendeltreppe im Schloßturm geht es in die oberen Stockwerke, die nach Beschuß im Zweiten Weltkrieg Zug um Zug renoviert wurden und werden. Das reich bemalte

Rechts: Selbstverständlich gibt es auch eine Schloßkapelle auf Lichtenstein; sie soll an alte Klosterkapellen erinnern. Hier steht unter anderem eine Madonnenfigur mit einem leider noch nicht restaurierten Christus.

matempfinden im früheren Königreich Württemberg anklingen ließ: »Hie gut Württemberg allweg!«
Einen besonders schönen Ausblick hat man vom Erkerzimmer. Einige Möbel sollen schon in der alten Burg gestanden haben. Die Bilder in diesem Raum stammen teilweise vom Meister von Lichtenstein. In einer Glasvitrine sind die Totenmasken von Napoleon I., Moltke, Goethe, Schiller und Uhland zu sehen. Und auf dem Weg zum Ausgang zeigt ein originelles Gemälde einen Schützen, der immer genau auf den Betrachter zielt, wo er auch gerade stehen mag.
Von der etwas oberhalb im Vorhof liegenden Felskanzel hat man den schönsten Blick auf das Schloß Lichtenstein. Ganz anders bietet es sich dagegen dar, wenn man außerhalb des Haupttors am Wald entlang auf die Rückseite geht, von wo der Palas mit seinen Staffelgiebeln deutlicher in den Vordergrund tritt.

Warum im Lautertal so viele Burgen standen

Die Große Lauter, die im ehemaligen Klostergarten von Offenhausen entspringt und 45 Kilometer weiter in die Donau mündet, hat eines der romantischsten Täler der Schwäbischen Alb

Durchaus einladend wirkt die Trinkstube von Lichtenstein. Von der Kanzel am Fenster sollten wohl den fröhlichen Zechern kernige Trinksprüche zugeschmettert werden.

gebildet. In seinem Oberlauf bildet das Flüßchen auf fast ebenem Talboden zahlreiche Mäander und Umlaufberge. Am Unterlauf hat sich der Fluß so tief in das Juragestein eingegraben, daß in den Schluchten stellenweise noch nicht einmal ein Fahrweg Platz findet.
Romantisch ist das Tal nicht nur wegen der bizarren Felsformationen, der kleinen Dörfer, Weiler und Mühlen, sondern vor allem wegen der vielen Burgruinen, die oft in Sichtweite voneinander das Tal begleiten. Nicht weniger als 16 Burgen standen hier einst, von vielen sind noch recht ansehnliche oder sogar eindrucksvolle Reste erhalten.
Durch das Große Lautertal führte jedoch nie eine schützenswerte überregional bedeutende Fernstraße. Weshalb trotzdem im Abstand von oft weniger als zwei Kilometer zwischen dem 12. und dem 14. Jahrhundert so viele Burgen gebaut wurden, hat einen einfachen Grund: Die oft schwer zugänglichen Bergsporne, Steilwände und Anhöhen über dem Tal boten so viele geschützte Lagen, wie sie im weiten Umkreis sonst nicht vorzufinden waren. Hier konnte sich der Adel vom »niederen Volk« abheben und bei kriegerischen Auseinandersetzungen verschanzen. Und ganz abgeschnitten

Von den vielen Ausstattungsdetails der Trinkstube von Burg Lichtenstein hier eines der bunten Glasfenster. Es zeigt das Wappen der württembergischen Herzöge.

vom Verkehr war das Lautertal nicht: Nur einige Kilometer weiter befanden sich zwei wichtige Fernstraßen über die Schwäbische Alb.

Glanzvolle und schwere Zeiten: Schloß Grafeneck

Die wohl wechselvollste Geschichte hat das Schloß Grafeneck erlebt, das auf einer Terrasse über einem Nebenbach der Großen Lauter liegt. Die erste mittelalterliche Burg wurde von den Grafen von Urach erbaut und von deren Dienstleuten, den Grafeneckern, bewohnt. In der zweiten Hälfte des 15. Jahrhunderts ging die Burg an das Haus Württemberg. Herzog Christoph von Württemberg, zu dessen Regierungszeit das nahe Landesgestüt Marbach schon bestand, baute anstelle der alten Burg 1556/60 ein vierflügeliges Jagdschloß um einen Innenhof.
Herzog Carl Eugen veränderte Grafeneck von 1762 bis 1772 durch Um- und Neubauten grundlegend: Entlang einer Lindenallee, die heute als Naturdenkmal unter Schutz steht, gab es nun ein Opernhaus, ausgedehnte Stallungen und zwölf kleine Häuser, in denen Invaliden eine Unterkunft

fanden. (Auch beim Stuttgarter Schloß Solitude wurden solche Häuschen gebaut, die – im Gegensatz zu Grafeneck – heute noch bestehen.) Nach Fertigstellung des neuen Schlosses Grafeneck hielt sich Carl Eugen anfangs dort häufig auf; es gab große Feste, Bälle, italienische Opernaufführungen und französische Komödien. Oft diente das Schloß auch als Stützpunkt für große Jagdgesellschaften. Am Fuß des Schloßbergs befand sich eine Husarenkaserne.

1785 ließ Carl Eugen jedoch Schloß Hohenheim bei Stuttgart erbauen. Er verlor alles Interesse an Grafeneck, und noch während seiner Regierungszeit begann es zu verfallen. 60 Jahre später waren von dem Lustschloß und den meisten Nebengebäuden nicht mehr viel erhalten; lediglich Teile des alten Schlosses standen noch. Im 19. Jahrhundert amtierte dort eine Forstverwaltung, seit 1929 gehört es der Samariterstiftung Stuttgart, die es renovieren und modernisieren ließ und als damals vorbildliche Anlage für behinderte Menschen nutzte.

Doch dann folgten die düstersten Jahre in der wechselvollen Geschichte von Grafeneck: 1939 beschlagnahmten die Nazis das Schloß und ließen dort bis 1941 im Rahmen ihres Euthanasieprogramms über 10 000 Behinderte aus vielen Anstalten ermorden. Grafeneck war damals im weiten Um-

kreis hermetisch abgesperrt. Nachdem die Massenmorde an die Öffentlichkeit gedrungen waren und scharfe Proteste vor allem der Kirchen hervorgerufen hatten, wurde das Euthanasieprogramm von den Nazis abgebrochen. Danach diente Grafeneck als Kindererholungsheim und nach Kriegsende als französisches Kinderheim.

1947 wurde Grafeneck dem Samariterbund zurückgegeben. Es beherbergt heute wieder körperlich oder geistig behinderte Menschen. Ein Sühnekreuz auf dem außerhalb der Schloßanlage liegenden Friedhof erinnert an die Greuel der Nazizeit.

Türme im Wald und Mauern am Fluß

Auf den Höhen über dem Großen Lautertal, auf Umlaufbergen oder auch unten am Tal reihen sich ab Marbach flußabwärts die Ruinen. Auf einem

von hohem Buchenwald völlig bedeckten Felsgrat oberhalb von Wasserstetten beispielsweise steht ein hoher Turm. Er ist der Rest von Burg Blankenstein, die im 12. Jahrhundert entstand und 1320 an Württemberg kam. Im 15. Jahrhundert wurde die Burg aufgegeben.

Auch in Baldenlau hatten die Herren von Blankenstein vermutlich eine Burg, die durch Grabungen nachgewiesen wurde. Dagegen sind in Buttenhausen von der mittelalterlichen Burg noch Teile der Umfassungsmauern erhalten, die den heutigen Friedhof einschließen. Unten am Fluß lag eine Wasserburg, die Anfang des 19. Jahrhunderts abgetragen wurde. Nichts mit der mittelalterlichen Burgenhäufung hat dagegen das Schloß Buttenhausen zu tun, das im 18. Jahrhundert etwas oberhalb des Ortes von den Herren von Gemmingen erbaut wurde und heute einer sozialen Einrichtung dient.

Bergfried auf der Felsenkanzel: Hundersingen

Richtig sichtbar wird eine der zahlreichen Burgen des Lautertals erstmals bei Hundersingen. Auf einem Fels über dem Ort, vom dahinterliegenden Berghang durch eine natürliche Felswand getrennt, erhebt sich ein etwa zwölf Meter hoher Bergfried aus Buckelquadern; auch Teile der Schildmauer und Mauern der Vorburg stehen noch. Die Quadersteine des Bergfrieds sind bis zu eineinhalb Meter dick; der einzige Turmeingang liegt sechs Meter über dem Burghof und war nur über eine Außentreppe erreichbar.

Unten sind die Mauern des Bergfrieds der Ruine Hohengundelfingen fast drei, oben einen Meter dick. Der elf Meter hohe Turm steht am höchsten Punkt des Burgplatzes.

Herren von Hundersingen unten im Ort an der Stelle der heutigen Kirche gebaut; von ihr ist so gut wie nichts mehr übriggeblieben.

Das kleine, aber feine Territorium der Gundelfinger

Wenige Kilometer talabwärts ragen auf einem ins Tal vorspringenden Bergrücken meterhohe Ruinen über den Wald bei Bichishausen. Dort hatten die Herren von Gundelfingen im 13. Jahrhundert eine Burg gebaut, die bis ins 16. Jahrhundert bewohnt war und danach verfiel. Die beachtlichen Reste sind gesichert, Lage des Palas und des ehemaligen Bergfrieds deutlich erkennbar.

Die Burg wurde vermutlich im 12. Jahrhundert von den Herren von Hundersingen gebaut und 1352 zusammen mit dem Dorf an Graf Eberhard II. von Württemberg verkauft. Im 15. Jahrhundert kam beides an die Truchsessen von Bichishausen und war zeitweilig auch Pfand in der Hand des Kaiserhauses. Mitte des 16. Jahrhunderts wurde die Burg zerstört. Wo einst der Palas gestanden hatte, befindet sich heute eine Aussichtsplattform mit eindrucksvollem Blick in das Lautertal. Eine zweite Burg hatten die

Diese hochadeligen Herren von Gundelfingen, schon 1105 genannt, konnten bis zur Mitte des 13. Jahrhunderts ein kleines Territorium aufbauen. Schon früh war ihre Stammburg Niedergundelfingen auf einem etwa 40 Meter hohen Umlaufberg der Lauter

Das im 13. Jahrhundert mächtige Geschlecht der Gundelfinger hatte schon hundert Jahre vorher seine Stammburg Hohengundelfingen errichten lassen. Vom Bergfried geht der Blick auf die Vorburg hinab und hinüber zu den Resten der Burg Niedergundelfingen.

Das sogenannte Steinhaus ist der Rest der Burg Derneck. Es bildet eine romantische Kulisse für die im Hof rastenden Wanderer. Derneck ist heute ein Wanderheim.

entstanden. Die heutigen Reste der Burg stammen von einem Neubau um 1250. Noch 1810 war Burg Niedergundelfingen bewohnt – bis dahin natürlich mehrfach instand gesetzt –, danach wurde sie dem Verfall preisgegeben.

130 Meter über dem Tal: das neue Zentrum der Gundelfinger

Um 1180 erbauten sich die Herren von Gundelfingen auf einem Bergsporn, 130 Meter über dem Lautertal, ihre neue Burg Hohengundelfingen. Sie wurde zum Hauptsitz des Geschlechts, dessen Einfluß allmählich so sehr wuchs, daß Mitte des 13. Jahrhunderts sogar eine Stadt gegründet werden konnte: Hayingen, mit regelmäßigem Grundriß und von Mauern umgeben. Nach dem Aussterben der Gundelfinger kam der Besitz in die Hände der Grafen von Helfenstein, später an die Fürsten von Fürstenberg.

Zurück nach Hohengundelfingen. Nach langjährigen Freilegungs- und Renovierungsarbeiten eines Fabrikanten, der 1939 Hohengundelfingen und Umgebung erwarb, treten die Ausmaße und die erhaltenen Bauteile der einstigen Burg heute eindrucks-

voll zutage. Tief unter der Burg umschließen zur Talseite gut erhaltene Mauern die Zwingeranlagen. Nach Süden wurden mehrere Felstürme in die Befestigung einbezogen.

Zwischen der Albhochfläche und dem Felsen, auf dem die Ruine steht, ist ein jetzt wieder acht Meter tiefer Burggraben angelegt worden. Von dort betritt man die Ruine, deren markantester Teil der Bergfried an der höchsten Stelle des Burgplatzes ist. Am heute noch elf Meter hohen Turm fallen die eindrucksvollen Buckelquader ins Auge; die Mauern sind unten bis zu 2,80, oben noch einen Meter dick.

Gute Wege und Steinstufen – aus alter Zeit oder bei der Renovierung angelegt – ermöglichen den Gang über die verschiedenen Ebenen der weitläufigen Burganlage. Aus den Stümpfen alter Bastionen wachsen Bäume und Sträucher, versteckte Winkel locken zur Rast. Tief unten im Tal liegen Niedergundelfingen mit seinem Schloß und das schlingen- und windungsreiche Lautertal. Hier könnte man stundenlang sitzen und schauen.

Ruine Derneck wurde zum Wanderheim

Auch Derneck, wenige Kilometer von Hohengundelfingen entfernt auf einer felsigen Bergecke der anderen Talseite, gehörte einst zum Besitz der Gundelfinger. Die Burg wurde von einem der zahlreichen Familienmitglieder, Degenhardt von Gundelfingen, um 1350 erbaut.

Sie ist deutlich kleiner als Hohengundelfingen. Eindrucksvollster Rest des mittelalterlichen Teils bildet das Steinhaus, das sich von der Bergseite her hinter einer Schildmauer versteckt und über einen halbrunden Treppenturm bestiegen werden kann. Ein noch erhaltener Raum in der Ruine zeigt, wie eng man damals auf den Burgen lebte. Von der höchsten Stelle des Steinhauses ist der Bergfried von Hohengundelfingen deutlich zu erkennen, Derneck hatte dagegen nie einen Bergfried.

Rechts: Alte Burg (links) und sogenanntes neues Schloß (rechts) bilden die Schülzburg. Das Foto zeigt noch den Zustand während der umfangreichen Sicherungsarbeiten am neuen Schloß.

Während das Steinhaus allmählich verfiel, wurden die anderen Gebäude der kleinen Burg wiederholt instand gesetzt oder ersetzt. Das heutige Hauptgebäude auf einer hohen Stützmauer wurde im 18. Jahrhundert um ein Fachwerkgeschoß erhöht. 1967 übernahm der Schwäbische Albverein die Burg und richtete darin ein Wanderheim mit Übernachtungsmöglichkeiten ein. So ist Burg Derneck heute auch ein Ziel der Wanderer, deren Kinder gern in den alten Mauern herumtoben.

Auch an anderen Stellen haben die Herren von Gundelfingen ihre Spuren hinterlassen. Beispielsweise die Ruine Alt-Ehrenfels südwestlich von Hayingen. Oder in Ehestetten, dessen einstige Besitzer möglicherweise ebenfalls aus der Gundelfinger Familie stammten. Im 16. Jahrhundert wurde in Ehestetten ein kleines, heute noch erhaltenes und bewohntes Schlößchen gebaut.

Blieb bis ins 18. Jahrhundert erhalten: Schülzburg

Wo die Straße bei Anhausen das Tal der Großen Lauter verläßt, erhebt sich Ruine Schülzburg. Auf den ersten Blick scheint es sich um ein ähnlich baufälliges Gemäuer, wie beispielsweise Ruine Bichishausen oder Niedergundelfingen, zu handeln. Wenn man jedoch an den Häusern unterhalb der Ruine vorbeigeht, bietet sich plötzlich ein ganz anderes Bild: Auf der Bergseite sind die Außenwände eines sichtlich neueren Gebäudes zu sehen.

Die ältere Burg wurde im 14. Jahrhundert errichtet, als es die meisten anderen Burgen im Lautertal bereits gab. Möglicherweise stand zuvor schon eine frühmittelalterliche Burg an dieser Stelle. Seit 1452 bis heute ist die Schülzburg im Besitz der Familie Speth.

Als im 16. Jahrhundert einige der Burgen im Lautertal baufällig und unmodern wurden, war dies mit der Schülzburg wohl nicht anders. Jedenfalls baute die Familie Speth hinter der Schildmauer, mit der die alte Burg

Seit einigen Jahren erst saniert ist der Bergfried von Burg Rechtenstein an der Donau. Außer ihm blieb von der einstigen Doppelburg nur noch die Vorburg erhalten.

von der Bergseite her geschützt war, damals ein neues Schloß – schöner und prächtiger als alle anderen in der näheren Umgebung.

Doch es brannte 1884 aus und wurde danach nicht mehr wiederhergestellt. Es verfiel rasch, nur die stattlichen Außenmauern blieben erhalten. Dem Verfall ist nun Einhalt geboten: In umfangreichen Sicherungsarbeiten wurden an der jahrzehntelang stark baufälligen Ruine die noch erhaltenen Mauern und Wände gesichert, und über den tiefen Halsgraben, der die Burganlage von der Bergseite her abtrennt, wurde eine neue Brücke geschlagen.

Sie führt direkt zum neuen Schloß, wo an der linken Ecke ein Erker, an der rechten ein Rundturm bis zur Höhe des Giebelansatzes in der vierten Fensterreihe zu erkennen sind und zeigen, wie stattlich dieses Schloß einst war. Links davor erstreckt sich der Burggarten. Anschließend folgt die Schildmauer, hinter der die mittelalterliche Ruine steht.

Von der Maisenburg ist die Vorburg, von Wartberg die Schildmauer erhalten

Auch Ruine Maisenburg aus dem 12. Jahrhundert – jenseits der Lauter auf einer langen, schmalen Terrasse zwischen drei Tälern – kam 1764 in den Besitz der Herren von Speth. Von 1820 an wurde die Kernburg dem Verfall überlassen; die Vorburg wird als Bauernhof bewirtschaftet. Zu sehen sind die Schildmauer aus mächtigen Buckelquadern, Reste der Umfassungsmauern, des Zwingers und ein Kellergewölbe. Das Gestrüpp, das die Burgruine seit über einem Jahrhundert überwuchert, wurde in jüngster Zeit etwas abgeräumt.

Von der im 12. Jahrhundert erbauten Burg Wartstein auf einem Umlaufberg talabwärts der Lauter sind ebenfalls eine mächtige Schildmauer und weitere Mauerreste erhalten. Eine Dienstmannenburg der Grafen von Wartstein war Monsberg, im Jahr 1495 zerstört. Dort blieben nur geringe Mauerreste erhalten. Möglicherweise handelte es sich bei den Wartsteinern zeitweilig um Raubritter.

Reichenstein und Rechtenstein

Ein schmaler, zwischen Sträuchern und Gestrüpp kaum erkennbarer Pfad führt an den Häusern des Burgweilers Reichenstein vorbei zur kaum hundert Meter entfernten Ruine. Diese Distanz reicht jedoch, um sich inmitten eines hohen, dichten Laubwaldes völlig abgeschieden zu fühlen.

Ein zwar instand gesetzter, aber verschlossener Bergfried und Mauerreste zeugen davon, daß einst eine Burg auf steilem Felsen über dem Lautertal direkt an der Talkante stand. Der Talboden ist nicht zu erkennen, nur das Rauschen der hier wilden Lauter läßt den Grund der tiefen Schlucht ahnen. Die Burg aus dem 13. Jahrhundert wurde im Bauernkrieg 1525 zerstört.

Einstige Besitzer von Reichenstein waren die Herren von Stein.

Ihr Stammsitz war Rechtenstein an der Donau. Von dieser ursprünglichen Doppelburg, die im 12. Jahrhundert erstmals genannt wurde, sind nur Bergfried und Vorburg erhalten. Der Rest wurde 1816 abgebrochen. Der mächtige Bergfried ist fast so breit wie der schmale Felssporn, auf dem er steht. Der Turm, in jüngster Zeit saniert, wird nur zu besonderen Anlässen geöffnet. In der Vorburg befindet sich ein landwirtschaftlicher Betrieb.

Im Barockschloß Mochental eine Galerie für moderne Kunst

Nach den vielen Ruinen ist ein barockes Schloß mit zwei prächtigen turmgekrönten Giebeln und breitem Mittelbau eine erfreuliche Abwechslung. Zwar stand auf dieser Bergnase einige Kilometer abseits des Lautertals eben-

Rechts: Zwar fehlen die Altarbilder, doch die einstige barocke Pracht ist noch erkennbar: In der Nikolauskapelle von Schloß Mochental finden heute Konzerte statt.

Wie eine reiche Gutsanlage bietet sich das Schlößchen Ehrenfels heute dem Betrachter dar. Es wurde im 18. Jahrhundert für die Zwiefaltener Äbte als Sommersitz erbaut.

falls eine mittelalterliche Gaugrafenburg. Sie kam jedoch schon 1215 in den Besitz des Klosters Zwiefalten, wurde 1568 abgerissen und durch einen modernen Neubau ersetzt. Diese Anlage diente als Propstei und Ruhesitz der Äbte.

Nach einem schweren Brand 1730 entstand das Barockschloß Mochental in seiner heutigen Gestalt. Die vier Flügel des Komplexes umschließen einen rechteckigen Hof; die Wirtschaftsgebäude links und rechts des Torbaus stammen vom alten Schloß aus dem 16. Jahrhundert. Das Hauptgebäude auf der Schauseite zum Tal schließt sich hufeisenförmig an die Wirtschaftsgebäude an; es wurde 1730/34 errichtet. Die Nikolauskapelle im Erdgeschoß und der Hubertussaal waren einst üppig mit Altären, Deckengemälden und Stukkaturen ausgestattet. Einiges davon ist noch erhalten.

Im Zuge der Säkularisierung fiel Mochental mit Kloster Zwiefalten 1803 an Württemberg. Die Propstei wurde aufgehoben, der letzte Zwiefaltener Abt Georg Weinemer zog nach Mochental. Er starb dort 1816.

Das Kloster wurde zur Staatsdomäne, viele Kunstschätze sind verschleudert und die Gebäude vernachlässigt worden. Das Schloß beherbergte zuerst ein Forstamt, dann eine Forstschule, ab 1935 den Reichsarbeitsdienst, später ein Lazarett und dann wieder eine Forstverwaltung. 1953 übernahm die private Urspringsschule die Gebäude und renovierte vor allem den barokken Westflügel. Doch 1976 gab die

Schule Schloß Mochental aus Kostengründen wieder auf.

Die staatliche Liegenschaftsverwaltung investierte erhebliche Mittel, um das Schloß zumindest in seiner Substanz zu erhalten und irreparable Schäden abzuwenden. Nach vielen gescheiterten Versuchen einer sinnvollen Nutzung wurde Schloß Mochental schließlich 1985 an das Galeristen- und Künstlerehepaar Schrade vermietet. Seitdem gibt es hier eine ausgedehnte Galerie für moderne Kunst sowie eine originelle Besensammlung, die von dem Ehepaar zusammengetragen wurde.

Die Nikolauskapelle und der darüberliegende Hubertussaal – geschmückt mit einem Deckenfresko, das den Festschmaus in einem orientalischen Königspalast darstellt, Putten, Bacchus- und Apollobüsten – werden nun

für Konzerte, Vernissagen und literarische Lesungen genutzt. Die übrigen Räume sind Werkstatt, Atelier und Wohnung. Galerie sowie Säle sind öffentlich zugänglich. In den Wirtschaftsgebäuden befindet sich eine Ausflugsgaststätte.

Schlößchen Ehrenfels: Sommersitz für den Abt

Unterhalb der Ruine Alt-Ehrenfels, in der sich oft Räuber versteckten und die deshalb von den Besitzern, dem Kloster Zwiefalten, 1516 abgebrochen wurde, ließ sich Abt Augustin von Zwiefalten 1735/40 ein Sommerschlößchen im Barockstil bauen. Mit seinen hohen Fenstern wirkt es eher wie ein Kloster und zeigt so auch äußerlich seine Verbindung zum geistlichen Stand.

Innen enthält der Wohnflügel einen 66 Meter langen dreischiffigen Keller mit Kreuzgewölben. Zusammen mit drei Nebenflügeln umschließt die Anlage einen viereckigen Wirtschaftshof. Mit der Säkularisierung kam Schloß Neu-Ehrenfels an Kurfürst Friedrich von Württemberg, der es weiterveräußerte. Die private Schloßanlage kann nicht besichtigt werden; von außerhalb der Parkumzäunung haben Wanderer jedoch einen guten Eindruck von dem zwischen Bäumen versteckten Schloß im stillen Waldtal.

Links: Zwei kleine Zwiebeltürme krönen die mächtige Anlage des Barockschlosses Mochental. Kloster Zwiefalten war einst der Bauherr, heute sind hier Kunst und Kultur für jedermann zu finden.

64

Die Württemberger Herzöge – ange-
fangen bei Ulrich bis Friedrich I. –
gaben dem Tübinger Schloß seine
heutige Gestalt. Als ein Meisterwerk der
Renaissance gilt das äußere Tor.

Abschweifung zum Neckar

Ulrich von Württemberg, der kämpferische Herzog, ließ den Bau des Renaissanceschlosses Hohentübingen über der Stadt beginnen, er starb auch darin. Während das Tübinger Schloß heute von der Universität belegt ist, hat sich die Weitenburg zum Schloßhotel entwickelt, die Wachenburg beherbergt einen landwirtschaftlichen Betrieb und im Hirrlinger Renaissanceschloß sitzt nun die Gemeindeverwaltung.

Im streng geografischen Sinn gehört Tübingen nicht zur Schwäbischen Alb. Doch sind Stadt und Schloß so eng mit dieser Landschaft und besonders mit dem Haus Württemberg verbunden, daß der kleine »Seitensprung« von der Alb an den Neckar wohlbegründet erscheint. Das gilt auch für einige andere Objekte auf den folgenden Seiten.

Wuchtig erhebt sich Schloß Hohentübingen über die Dächer der Stadt, die sich vom Neckar aus malerisch aufbaut. Schon im 11. Jahrhundert stand dort eine Burg. Und der Einfluß der Grafen von Tübingen reichte um 1087 vom Schwarzwald bis zur Alb und zum Donauraum. 1146 erhält Hugo von Tübingen die Würde eines Pfalzgrafen, was die hervorragende Stellung dieses Grafengeschlechts der Stauferzeit dokumentiert. Doch 150 Jahre später war es verarmt. Die Pfalzgrafen mußten Tübingen an das Kloster Bebenhausen verpfänden, das sie selbst gegründet hatten. 1342 schließlich verkauften sie ihre Stadt mitsamt dem Schloß an die Württemberger.

Anfang des 16. Jahrhunderts wurde

das mittelalterliche Schloß abgerissen. Herzog Ulrich von Württemberg begann 1505 mit dem Neubau. Doch Ulrich mußte sein Herzogtum verlassen, das unter österreichischen Einfluß geriet. Der österreichische Erzherzog ließ 1531 die Neckarfront des Schlosses errichten. Als Herzog Ulrich sein Land wiedergewonnen hatte, setzte er den Bau fort und machte die Burg zu einer Festung mit mächtigen Bastionen. Auch seine Nachfolger, Christoph und Friedrich I., bauten weiter. Schließlich galt das Tübinger Schloß als eines der stattlichsten im weiten Umkreis.

Die Renaissance hat sich in verschiedenen Baustadien niedergeschlagen. Als eine der anmutigsten Schöpfungen der Hochrenaissance gilt das untere oder äußere Schloßtor von 1606. Es hat die Form eines Triumphbogens mit dem Herzogswappen samt Hosenbandorden als Hauptschmuck. Zwei drohende Landsknechtsfiguren flankieren das Portal. Auch das obere Portal stammt aus der Renaissancezeit; es wurde schon 1538 gebaut und wesentlich zurückhaltender gestaltet.

Auf Putz gemalte Mauerquader – typisch für die Renaissance

Der Renaissance-Charakter des Schlosses tritt im Innenhof an der Galerie, an den Portalen und Wendeltreppen besonders deutlich hervor. Bei der Renovierung der Fassaden in den letzten Jahren wurde der Originalzustand wiederhergestellt: Putz auf den Fassaden und aufgemaltes Quaderwerk. Auch die neue Ockerfarbe des Fachwerks entspricht dem Original.

Von den vier Ecktürmen ist der südwestliche noch am besten in der ursprünglichen Form erhalten. Der Südostturm entstand 1667 als Fünfeckturm, nachdem der alte Rundturm in den letzten Jahren des Dreißigjährigen Kriegs von französischen Truppen gesprengt worden war. Der Nordwestturm, der als Pulverturm diente und 1579 bei einem Gewitter in die Luft flog, wurde nicht wiederaufgebaut.

Der Erbauer von Hohentübingen, Herzog Ulrich, starb am 6. November 1550 im Schloß. Sein Sterbezimmer liegt im Südflügel; beigesetzt wurde er in der Tübinger Stiftskirche, die von 1537 bis 1593 als Grablege der württembergischen Fürsten diente.

Während die Schloßgebäude von verschiedenen Instituten und Universitätsabteilungen genutzt werden und die Schloßkapelle für Gottesdienste der Studentengemeinde zur Verfügung steht, befinden sich im Keller zwei Besucher-Attraktionen. Die eine ist das 1548 im Auftrag von Herzog Ul-

A. Das Fürstliche Schloß. B. S. Georgen Stifft. C. Der Vniuersitel haußi. D. Das Fürstliche Stipendium. E. Das Rathauß. F. Die Burß.

Wie beherrschend – neben der Georgenkirche – das fürstliche Schloß für das Bild der gut befestigten Stadt Tübingen war, zeigt dieser Merian-Stich.

Mehr als 400 Jahre alt ist das von Herzog Ulrich spendierte große Faß im Tübinger Schloß, doch gefüllt wurde es mit 90 000 Litern (= 286 Eimer) nur zweimal: Es ist leider undicht.

rich gebaute riesige Faß – als Anspielung auf die Universität auch »großes Buch« genannt. Es kann 90 000 Liter Wein fassen, wurde aber nur zweimal gefüllt, weil es nicht dicht war. In einem Nebenraum des Kellers befindet sich der Burgbrunnen, dessen Sohle sich 60 Meter unter dem Kellerniveau befindet.

Die Femegerichte im Burgkeller: von Schloßführern erfundene Schauermärchen

Die zweite Attraktion liegt in einem runden Raum, durch unterirdische Gänge erreichbar: Hier fanden Femegerichte statt, erzählen die Fremdenführer und deuten auf einen Kranz von Nischen mehrere Meter über dem Boden, in denen die vermummten Richter gesessen haben sollen. Wenn sie Todesurteile sprachen, wurden die Opfer im gleich anschließenden Gang lebendig eingemauert. Ein Schauer überläuft das Publikum bei solchen Vorstellungen!

Doch ob hier jemals Femegerichte stattfanden, wird neuerdings bezweifelt – angeblich wurde die Geschichte von Schloßführern in früheren Jahrzehnten erfunden, um den Besuchern eine Gänsehaut über den Rücken zu jagen. Und die runde Form des Raumes? Er entstand vermutlich auf den Fundamenten des ersten Bergfrieds der mittelalterlichen Burg.

Erhebend dagegen ist der Blick vom Schloß auf Dächer, Straßen und Gassen der Stadt, den Neckar auf der einen und die Ammer auf der anderen Seite des Schlosses, zum nahen Naturpark Schönbuch und zu der etwas entfernteren Schwäbischen Alb. Den schönsten Blick auf Tübingen hat man von der Terrasse, die dem oberen Schloßtor vorgelagert ist.

Wehrburg Weitenburg wurde ein Schloßhotel

Hoch über dem Neckar liegt auch Schloß Weitenburg, allerdings nicht über einer Stadt wie Hohentübingen, sondern über dem engen, schlingenreichen Tal. Gegründet vermutlich im 12. Jahrhundert, kam die Festung 1437 in den Besitz der Ritter von Weitingen. Im Grenzgebiet zwischen Hohenberg – später Vorderösterreich – und Württemberg gab es bis 1720 häufige Besitzerwechsel. Dann erwarb Freiherr Joseph Rupert Raßler aus der Familie eines angesehenen Staatsmannes und Diplomaten Österreichs für 43 000 Gulden die Weitenburg. Zu diesem Zeitpunkt war die Anlage schon wiederholt vergrößert, erweitert und ausgebaut worden. Das schöne frühbarocke Tor von 1660, der 1869 entstandene neugotische Querflügel im englischen Tudorstil mit Turm, zinnengesäumten Giebeln, gotischen Fenstern und Plattformen lassen einige Epochen der Baugeschichte erkennen. Ab 1954 wurde die Weitenburg, noch immer im Familienbesitz, systematisch zum Schloßhotel und -restaurant ausgebaut. Jüngste Attraktion ist ein 18-Loch-Golfplatz in den Neckarauen tief unter dem Schloß.

Nicht erst seit der Eröffnung des Schloßhotels hat die Weitenburg unzählige illustre Gäste gesehen. Allerdings kamen nicht alle freiwillig. Der einstige Lehensinhaber und Burgherr Hans Pfuser, rauf- und fehdelustig, überfiel 1445 den französischen Gesandten auf dem Weg zu Graf Ludwig von Württemberg und setzte ihn auf der Weitenburg fest. Die verärgerten Württemberger hätten deshalb die Burg fast zerstört.

1476 kam Erzherzog Sigismund der Münzreiche von Österreich zu Besuch, ein sehr lebensfroher Herr. Zwischen ihm und dem Ritterfräulein Anna von Weitingen entspann sich eine Romanze. Nicht ohne Folgen. Nach neun Monaten schrieb Anna an den Hof von Innsbruck und bat um Unterstützung für ihr soeben geborenes Töchterlein.

Links: Seit Jahrhunderten unverändert: Über den Dächern der freundlichen Neckar- und Universitätsstadt Tübingen erhebt sich das Schloß Hohentübingen. Die Gebäude sind nicht zu besichtigen.

Ein zinnengekrönter (neu-)gotischer Turm überragt Hohenmühringen, das im vorigen Jahrhundert errichtet wurde. Eine erste Burg stand hier bereits zu Zeiten Karls des Großen.

Wie jedes gepflegte Schloßhotel hat natürlich auch die Weitenburg ihr Schloßgespenst. Manchmal spukt auf den Fluren ein Kapuzinermönch, der einstmals gastlich aufgenommen worden war und mit einem Burgfräulein ein folgenreiches Techtelmechtel begonnen hatte. Auf solcherlei Untaten stand damals die Enthauptung, das arme Opfer findet bis heute keine Ruhe und erscheint hin und wieder zu mitternächtlicher Stunde.

Hohenmühringens gotische Zinnen über dem Wald

Auch bei Mühringen im Eyachtal ragen gotische Zinnen auf einem steilen Bergvorsprung über den Wald. Sie gehören zu Schloß Hohenmühringen, das 1857/61 vom Baumeister Rupp in gleicher konsequenter englischer Tudorgotik umgebaut wurde wie der Ostflügel des Weitenburger Schlosses. Schon unter Karl dem Großen wurde die erste Burg gegründet und im Lauf der Jahrhunderte umgebaut. Die heutige dreiflügelige Schloßanlage muß mit sehr wenig Platz auskommen, da der Berg nach drei Seiten steil abfällt. Auf der vierten Seite, zur Hochfläche, überspannt eine Brücke den tiefen Graben.

Ein zinnengekrönter Turm auf den Fundamenten des mittelalterlichen Bergfrieds überragt die mehrstöckigen Schloßgebäude, die vom jetzigen Besitzer bewohnt werden. Kunstgeschichtlich wertvollster Teil ist die Schloßkapelle mit Madonna und eindrucksvollen Malereien aus der Dürerschule. Zu besichtigen sind Schloß und Kapelle nur nach vorheriger Vereinbarung mit dem Schloßherrn (siehe Dokumentation).

Dörfliches Doppelschloß: Wachendorf

Während die Hirrlinger Linie der Herren von Ow ausgestorben ist – siehe unten –, existiert die Wachendorfer Seitenlinie noch heute. Ihr Doppelschloß liegt unmittelbar an der Hauptstraße von Wachendorf. Ein

Torbogen mit Wappen und historischen Ausmalungen aus dem 19. Jahrhundert verbindet die beiden Schloßteile.

Besonders repräsentativ ist das dreistöckige Wohnschloß mit Staffelgiebeln, gelb-blau gestrichenen Fensterläden und einem runden Turm an der Ecke zur Straße. Hinter dem Torbogen öffnet sich ein großer Hof mit Wirtschaftsgebäuden. Das Schloß wird heute noch von der Familie Ow bewohnt, die einen landwirtschaftlichen Betrieb unterhält.

Als Georg VI. von Ow (16. Jahrhundert) verkleidet steht der Bürgermeister von Hirrlingen mit seinem »Gefolge«, Trommlern und Herolden vor dem Schloß.

Einst Wasserburg, dann Renaissanceschloß – Hirrlingen

Zu den Rittergütern, die zwischen den territorialen Einflußgebieten des erstarkenden Württembergs, Hohenzollerns und Vorderösterreichs eine Art Puffer bildeten, gehörte auch der Besitz der Herren von Ow zu Hirrlingen. Sie tauchten urkundlich 1258 auf und wurden im Lauf des 14. Jahrhunderts von den Grafen von Hohenberg mit Gütern zwischen Neckar und Alb belehnt.

In Hirrlingen stand schon 1390 ein starker Befestigungsturm, gleichzeitig oder später entstand eine Wasserburg. Georg VI. von Ow baute 1558 ein neues Schloß, in das er zwar Teile der früheren Burg einbezog, sonst aber, der Zeit entsprechend, stilreine Renaissance wählte.

Im Gegensatz zu den damaligen Schloßbauten des württembergischen Herzogs Christoph, etwa in Stuttgart, Göppingen oder Grafeneck, war Schloß Hirrlingen jedoch bemerkenswert fortschrittlich konzipiert. Das zeigte sich vor allem in der bequemen Erschließung der Räume.

Im vorspringenden Treppenturm steigt die steinerne Spindeltreppe zu den drei Hauptgeschossen und zum achteckigen Turmgeschoß empor. Unter dem Satteldach folgen noch drei Dachgeschosse. An zwei Ecken steht je ein wehrhafter Rundturm. Die Fassaden des Schlosses sind waagerecht durch Simse, senkrecht durch die Fensterachsen klar gegliedert. Ein schmucker, zweigeschossiger Erker zeigt die Wappen des Erbauers und seiner Ehefrau, die als Brandecksche Erbtochter die württembergische Herrschaft Sterneck mit einbrachte. Vor dem Schloß gruppieren sich Wohn- und Wirtschaftsgebäude.

Immer wieder gab es Streitigkeiten um das Lehen zwischen Österreich und Württemberg, vor allem nach dem Aussterben des Hirrlinger Zweigs des Geschlechts von Ow im Jahre 1709. Einmal besetzte Württemberg Hirrlingen durch Infanterie und Husaren, doch wurde das Schloß nicht zerstört. 1790 kam es an den dänischen Gesandten in Württemberg; 1804 an den dänischen König, 1810 an das Königreich Württemberg. 1821 erwarben die Hirrlinger Bürger den Besitz. Das Schloß, von 1971 bis 1976 gut renoviert, beherbergt heute die Gemeindeverwaltung.

Links: Gastlich bietet sich der Innenhof des Weitenburger Schlosses dar: Es ist ein Schloßhotel. Die Burg des 12. Jahrhunderts wurde bis in unsere Zeit immer wieder aus-, um- und neu gebaut.

Vorzugsweise den Hohenzollern ist dieses Kapitel gewidmet. Zunächst geht's zum berühmten Schloß auf dem namengebenden Berg Zollern. Dieses Burgschloß wurde erst im vorigen Jahrhundert errichtet. Mit der Herrschaft Haigerloch entstand eine weitere Hohenzollern-Linie. Schloß Haigerloch wurde letzthin erheblich renoviert. Die dritte Hohenzollern-Linie schuf sich mit Schloß Sigmaringen ein kunstreiches Juwel an der Donau.

Fast eine halbe Million Menschen aus aller Welt besuchen Jahr für Jahr die Burg Hohenzollern. Dieses romantische Schloß mit seinen Türmen und Türmchen, Wehranlagen und Prachtbauten, seiner Lage auf markantem Kegel und seiner Feierlichkeit entspricht zu Recht dem Bild, das sich viele Menschen von einem glanzvollen Königsschloß machen.

Dieser Glanz begann schon früh, doch gab es auch Jahrhunderte des Niedergangs und der Zerstörung. Vermutlich in der ersten Hälfte des 11. Jahrhunderts wurde auf dem der Albhochfläche vorgelagerten Berg eine recht ansehnliche Burg errichtet. Besitzer waren die Grafen von Zollern, die ihre Burg im 12. Jahrhundert weiter ausbauten.

Nach den Überlieferungen muß es sich um eine für die damalige Zeit große und künstlerisch wertvoll ausgestattete Anlage gehandelt haben. Einer Straßburger Chronik zufolge war sie »die Krone aller Burgen in Schwaben« und »das vesteste Haus in teutschen Landen«. Kein Wunder: Die Grafen von Zollern waren mächtige

Leute geworden. Einige Burgen, die heute als Ruinen vor allem das Donautal säumen, entstanden als Grenzbefestigung des damaligen Zollerschen Territoriums.

Der rasche Aufstieg der Grafen von Zollern, deren Ursprung ungeklärt ist, war 1170 beendet. Ein Teil des Besitzes zwischen Donau und Neckar gelangte an die verwandten Grafen von Hohenberg, während die Zollern durch Heirat an die Burggrafschaft Nürnberg kamen und dort ein großes Gebiet erwarben.

Zu Beginn des 13. Jahrhunderts teilten sich die Söhne des ersten Burggrafen von Nürnberg, Friedrich I., ihren Besitz: Konrad blieb Burggraf in Nürnberg und wurde damit Stammvater der fränkischen, später brandenburgisch-preußischen Linie. Friedrich IV. erhielt die schwäbischen Besitzungen mit der Stammburg als Graf von Zollern und wurde Stammvater der schwäbischen Linie.

Der Bruderzwist im Hause Hohenzollern brachte 18 Reichsstädte auf die Beine

Fortwährende Teilungen und Verpfändungen schmälerten jedoch die Machtbasis der schwäbischen Zollern. Vor allem die Grafen Friedrich XII., genannt Oettinger, und Graf Eitelfriedrich I. gerieten durch Teilung in heftigen Bruderzwist, der alle Energie und Wirtschaftskraft verbrauchte. Dazu kam der heftige Gegensatz zwischen Adel und Städten, der zur Belagerung der Hohenzollern durch 18 schwäbische Reichsstädte und das Haus Württemberg führte. Nach zehnmonatiger Belagerung wurde die Burg 1423 eingenommen und vollkommen zerstört. Nur drei Steinplatten in der St. Michaelskapelle blieben von der ersten Burg bis heute übrig. König Sigmund untersagte einen Neuaufbau der Burg Hohenzollern »für ewige Zeiten«.

Eitelfriedrich versuchte 1430 trotzdem, seine Burg wiederaufzubauen, doch die Reichsstädte hinderten ihn mit Gewalt daran. Erst sein Sohn,

Graf Jos Niklas von Zollern, erreichte 1453 bei Kaiser Friedrich III. die Aufhebung des Bauverbots. 1454 konnte der Grundstein für eine zweite Burg gelegt werden. Sie wurde schöner und wehrhafter als zuvor und an den Außenseiten durch vier im Halbrund hervorspringende Türme geschützt.

Im folgenden Jahrhundert verlegten die Grafen von Zollern ihre Hofhaltung mehr und mehr nach Hechingen. 1576 wurde die Burg als Regierungssitz der Grafen ganz aufgegeben und nur noch als Zufluchtsort unterhalten. Nach Beginn des Dreißigjährigen Kriegs wurde Hohenzollern zur Festung ausgebaut und galt als unbezwingbar. Trotzdem wurde sie 1634 von den Württembergern kampflos eingenommen: Nach neunmonatiger Belagerung mußte die ausgehungerte Besatzung die Burg übergeben.

Während des Dreißigjährigen Kriegs wechselten die Besatzer der Burg noch mehrfach. Und danach ging es – unter Österreichern und Franzosen – weiter abwärts. Schließlich verfiel die Burg, das einst so prächtige Schloß bot einen ruinösen und jammervollen Anblick.

Als Kronprinz beeindruckt, als König Bauherr

Doch dann, an einem zauberhaften Sommerabend im Juli 1819, besuchte der preußische Kronprinz den Stammsitz seiner Ahnen. Er war von der Ruine tief beeindruckt. Nachdem er 1840 als König Friedrich Wilhelm IV. den preußischen Thron bestiegen hatte, begann er, seine in der Sommernacht gefaßte Idee eines Wiederaufbaus zu verwirklichen. So kam

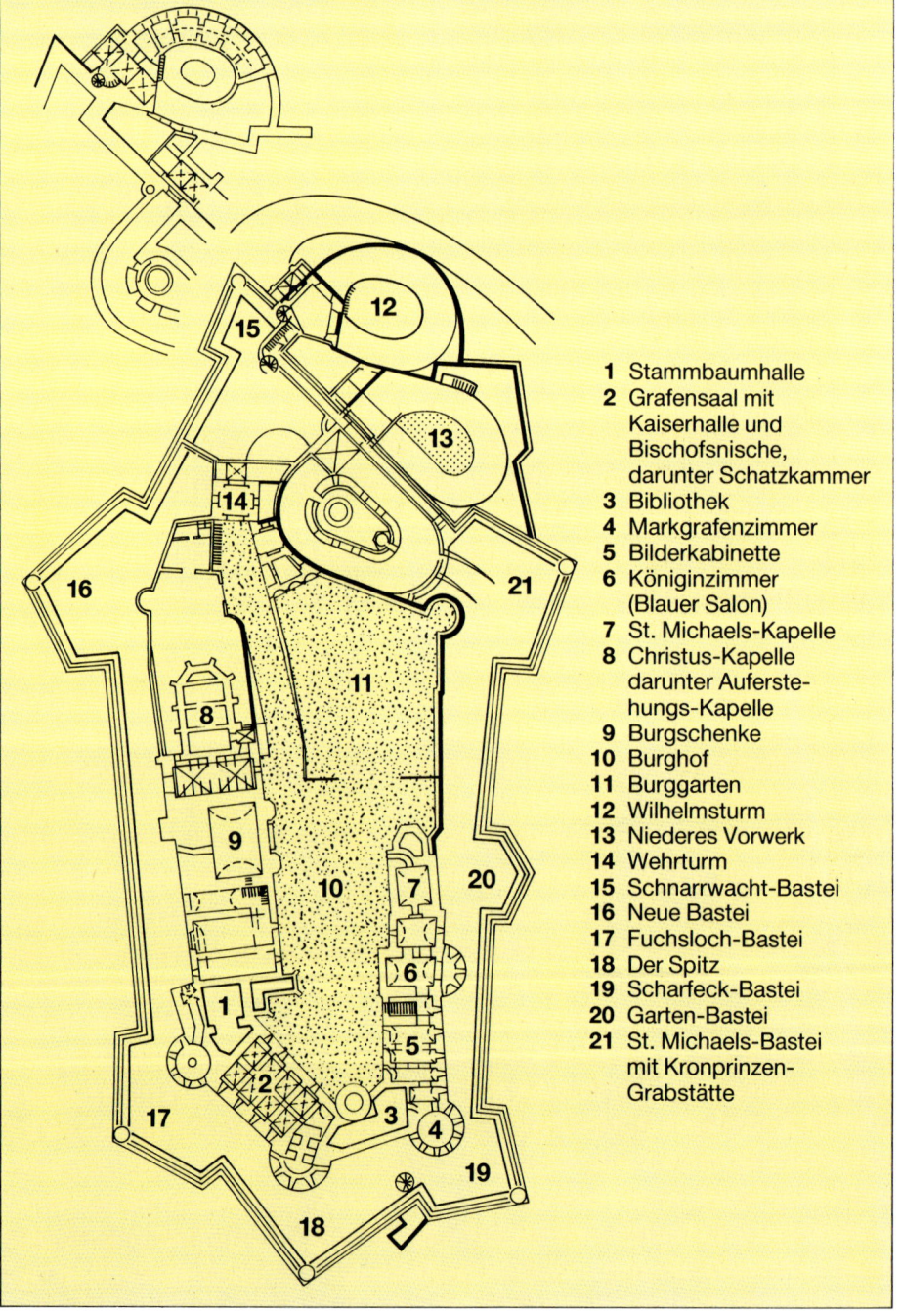

1 Stammbaumhalle
2 Grafensaal mit Kaiserhalle und Bischofsnische, darunter Schatzkammer
3 Bibliothek
4 Markgrafenzimmer
5 Bilderkabinette
6 Königinzimmer (Blauer Salon)
7 St. Michaels-Kapelle
8 Christus-Kapelle darunter Auferstehungs-Kapelle
9 Burgschenke
10 Burghof
11 Burggarten
12 Wilhelmsturm
13 Niederes Vorwerk
14 Wehrturm
15 Schnarrwacht-Bastei
16 Neue Bastei
17 Fuchsloch-Bastei
18 Der Spitz
19 Scharfeck-Bastei
20 Garten-Bastei
21 St. Michaels-Bastei mit Kronprinzen-Grabstätte

Rechts: Der Lageplan zeigt die Festungswerke und die verschiedenen Gebäude des Schlosses Hohenzollern. Der Innenausbau zog sich gut zehn Jahre hin: Im Oktober 1867 wurde das Schloß eingeweiht.

Rund 500 000 Besucher zählt man Jahr für Jahr auf Burg Hohenzollern. An turbulenten Wochenenden geht es im Innenhof lebendiger zu als auf mancher Großstadtstraße.

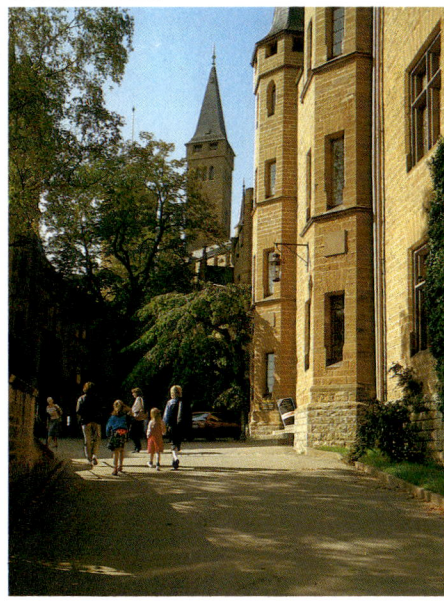

es 1846 zwischen dem königlichen Haus Preußen und den fürstlichen Häusern Hohenzollern zu einem Vertrag über den Wiederaufbau der Burg als Gemeinschaftsaufgabe des gesamten Hauses Hohenzollern.
Nach den politischen Unruhen von 1848 schlossen sich die beiden hohenzollerischen Fürstentümer Hechingen und Sigmaringen 1850 an das Königreich Preußen an. Nun wurde die bisher hohenzollerisch-schwäbische Burg überwiegend hohenzollerisch-preußisch; nur ein Teil gehört noch dem Hause Hohenzollern-Sigmaringen.
Am 23. September 1850 legte Prinz Wilhelm von Preußen, der spätere Kaiser Wilhelm I., den Grundstein zum Bau der neuen Burg. 1856 wurde das nunmehr dritte Schloß auf dem Hohenzollern durch König Friedrich Wilhelm IV. von Preußen eingeweiht. Diese neue Burg besteht aus zwei Teilen, den Festungsanlagen und dem Hochschloß. Die Festungswerke basieren zwar auf den Grundrissen der zweiten Burg, doch stellen sie ein Meisterwerk der Kriegsbaukunst des 19. Jahrhunderts dar; Baumeister war Oberst von Prittwitz, der auch an der Bundesfestung in Ulm mitwirkte.
Schneckenförmig windet sich der Weg vom Adlertor viermal bis zum Burghof, wobei auf engem Raum ein Höhenunterschied von 25 Meter überwunden wird. Die Technik, wie in einem Kehrtunnel durch ein Tor zu schreiten, über das man in der nächsten Windung gehen muß, gehört mit zum Eindrucksvollsten der Befestigungskunst im vorigen Jahrhundert. Nach der letzten Windung gelangt man auf die Höhe der Bastionen, wo der Weg über eine Zugbrücke durch den Wehrturm hindurch in den Burghof führt.
Dort beginnt der zweite Bauteil, das Hochschloß. Architekt F. A. Stühler orientierte sich dabei stark an der englischen Gotik, den Loireschlössern – und den »Ritterburg«-Richtlinien des Hohenzollern-Historiographen Graf Stillfried. Die mächtige Königslinde im hinteren Teil des Burghofs ist angeblich 200 Jahre alt. Unter ihr nahm Friedrich Wilhelm IV. 1851 die Huldigung der Bevölkerung entgegen nach dem Übergang der hohenzollerischen Fürstentümer an das Königreich Preußen.

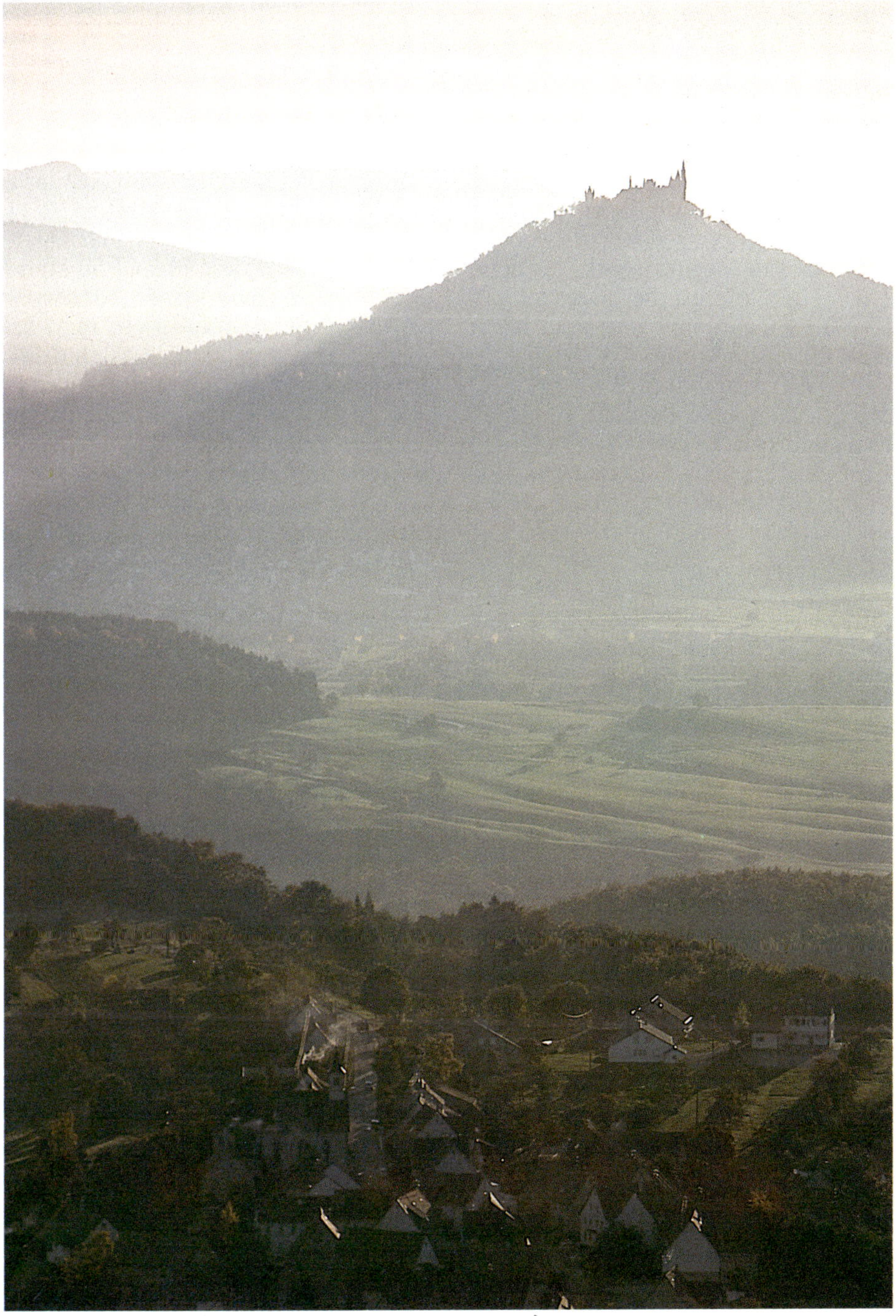

Englischen Palästen nachempfunden: Stammbaumhalle

Über die hohe, bedeckte Schloßtreppe geht es in die Stammbaumhalle. Wie in alten englischen Palästen ist hier der Stammbaum der Familie an die Wand gemalt. Der Festsaal der Burg, der Grafensaal, mit seiner dreischiffigen Säulenhalle schließt sich an. Die Kapitelle der Marmorsäulen sind vergoldet, ebenso die Deckenornamentik; die sechs vergoldeten Bronzeleuchter haben jeweils 48 Kerzen.
Über der Kaisertreppe erhebt sich der nach Kaiser Friedrich III. benannte, 73 Meter hohe Kaiserturm, der höch-

Links: Etwas unwirklich scheint die Hohenzollern-Burg über dem Abendnebel zu schweben. Der Blick über Beuren paßt zum Schloß – er erinnert an die Kulissen einer Wagner-Oper.

ste der Burg. An den Pfeilern der Halle befinden sich die Statuetten deutscher Kaiser und die Büsten der drei Hohenzollern-Kaiser. Dritter Repräsentationsraum ist die Bibliothek mit eichengeschnitzten Wandschränken, darüber Wandmalereien mit Szenen aus der Geschichte der beiden ersten Burgen.

Nun schließen sich die königlichen Gemächer an, die teilweise zu Bilderkabinetten umgestaltet sind. Im Königinzimmer beeindrucken die reich verzierte und vergoldete Kassettendecke und der Fußboden aus Ahorn, Eiche, Nußbaum, Kirsche und Mahagoni.

Königskrone, Marschallstab und Brillant-Tabakdosen

Zu einer Besichtigung gehört auch die Schatzkammer, die in der früheren Schloßküche untergebracht wurde. Sie birgt Kostbarkeiten aus dem preußischen Königshaus, darunter die preußische Königskrone von 1889 sowie einen Marschallstab, den der Kaiser anläßlich seines 25jährigen Regierungsjubiläums 1913 vom deutschen Heer geschenkt bekommen hat. Sehr wertvoll sind auch drei Brillant-Tabakdosen von Friedrich dem Großen. Krone und weitere Teile des Schatzes wurden vor dreißig Jahren bei einem spektakulären Einbruch geraubt und

tauchten später in vielen Bruchteilen wieder auf, sie konnten – bis auf einige fehlende Teile – wieder zusammengesetzt werden und sind heute hinter dickem Panzerglas zu bewundern.

Die St. Michaelskapelle stammt aus zwei Bauepochen. Längsschiff und Chor blieben von der zweiten Burg übrig, sie wurden 1454/61 gebaut. Der Vorraum, 1823 wegen Baufälligkeit abgetragen, kam dagegen erst im 19. Jahrhundert wieder dazu. Das Gegenstück zur katholischen St. Michaelskapelle bildet die evangelische Christuskapelle, die auf besonderen Wunsch von König Friedrich Wilhelm IV. erbaut wurde.

Sie ist die letzte Ruhestätte von Friedrich Wilhelm I. und Friedrich dem Großen. Ihre Särge standen bis 1943 in der Garnisonskirche von Potsdam und wurden nach mehreren Zwischenstationen 1950 auf Schloß Hohenzollern gebracht. Die Auferstehungskapelle unter der Christuskapelle ist nicht öffentlich zugänglich.

Schon von ihrer Ausstattung her war die neue Hohenzollernburg des 19. Jahrhunderts eher ein großes Familiendenkmal als ein Wohnsitz. Das wurde nach 1945 anders: Im Burgschloß und unten in Hechingen fand der letzte deutsche und preußische Kronprinz Wilhelm einen neuen Wohnsitz. Der gegenwärtige Chef des Hauses, Prinz Louis Ferdinand von Preußen, bewohnt das Schloß immer wieder tage- und wochenweise. Seit drei Jahrzehnten finden in der Burg Wohltätigkeitskonzerte der Prinzessin-Kira-von-Preußen-Stiftung mit weltberühmten Künstlern statt, deren Erlös dem Ferienaufenthalt Berliner Kinder dient.

Der steigende Besucherstrom erforderte nach dem Zweiten Weltkrieg erhebliche Ausbauten – von der Strom- und Wasserversorgung bis zu den Zufahrtsstraßen. Millionenschäden richteten 1970 und 1978 Erdbeben an. Danach wurde die Hohenzollernburg, im Zentrum des einzigen deutschen Erdbebengebiets gelegen, so gesichert und wiederhergestellt, daß sie sich heute als baulich und optisch einwandfreie Anlage präsentiert.

Herrlich ist der Blick von der Burg: 855 Meter über dem Meer, 350 Meter über den geschwungenen Niederungen des Albvorlandes erlebt man bei einem Rundgang um die Basteien eindrucksvolle Panoramablicke. Auf diesem Weg um die Burg sind auch acht Bronzestatuen der brandenburg-preußischen Herrscher aufgestellt, die früher in der Ruhmeshalle des Zeughauses in Berlin standen.

Mitte des 13. Jahrhunderts gründeten die Grafen von Zollern am Fuß ihres Stammsitzes die Stadt Hechingen und bauten dort auch eine Burg, der ein

prächtiges Renaissanceschloß (1590) folgte, die Friedrichsburg. Nach teilweisem Einsturz wurde dort 1819 das Neue Schloß in klassizistischem Baustil errichtet. Der mittlere Teil der dreigiebeligen Vorderfront ist mit Rundbogenfenstern zwischen Säulen ausgeführt. Heute befindet sich die Kreissparkasse im Schloß.

Kleine Hohenzollernschlösser in und bei Hechingen

Das sogenannte Alte Schloß gegenüber entstand im 18. Jahrhundert als Kanzleigebäude, heute beherbergt es das Heimatmuseum und die Volkshochschule. Im sogenannten Fürstengarten in Hechingen liegt die Villa Eugenia. Sie entstand 1775 aus einem Gartenhäuschen und war Wohnsitz der letzten Fürsten der Linie Hohenzollern-Hechingen, die 1869 ausstarb. Als im 18. Jahrhundert überall in Europa barocke Schlösser und Schlößchen entstanden, wollten auch die Fürsten Hohenzollern-Hechingen nicht zurückstehen. 1748 bauten sie deshalb einige Kilometer außerhalb von Hechingen Schloß Lindich, ein kleines Lust- und Jagdschloß mit einem achteckigen Turmgeschoß. 1826 nahm Erbprinz Friedrich Wilhelm Konstantin dort ständigen Wohnsitz und baute das Schloß zu diesem Zweck aus.

Später wohnten auch der preußische König Friedrich Wilhelm IV. und sein Bruder Prinz Wilhelm, der spätere Kaiser Wilhelm I., zeitweilig in Lindich. Doch 1880 wurde das Schloß verlassen und stand jahrzehntelang leer; dabei verkam es mehr und mehr. Inzwischen ist es zwar wieder be-

In der Schatzkammer auf Burg Hohenzollern – früher einmal die Schloßküche – glänzt und funkelt unter anderem die 1889 angefertigte preußische Königskrone.

wohnt, aber in keinem sehr attraktiven Zustand. Unverändert üppig dagegen grünt der große, parkähnliche Garten um das Schloß.

Zollernschloß Balingen – Romantik an der Eyach

Am Rand des Gebiets der Grafen von Zollern entwickelte sich im Mittelalter am Flüßchen Eyach die Stadt Balingen. Hier stand die Schalksburg, die 1403, einschließlich der Stadt Balingen, von Graf Eberhard III. von Württemberg gekauft wurde. Bald begann er, Balingen zu einer Grenzfestung auszubauen. Dazu gehörte auch das Schloß, das – wie in Kirchheim unter Teck – an die Ecke der Stadt gerückt wurde. Es diente jahrhundertelang aber nicht dem Grafen, sondern einem württembergischen Obervogt als Amtssitz.

Der große Stadtbrand von 1809 verschonte das Schloß. Es war vorher schon in Privatbesitz übergegangen und im Lauf von 200 Jahren so heruntergewirtschaftet, daß es nach dem Erwerb durch die Stadt Balingen 1920 abgebrochen werden mußte. 1936 entstand ein neues Schloß, das dem alten weitgehend nachgebildet wurde. Es verleiht diesem Teil der Stadt seinen besonderen Reiz.

Hoch über der hier aufgestauten Eyach erhebt es sich wie eine mittelalterliche Stadtburg. Der hohe Steinsockel wird von zwei Fachwerkgeschossen abgeschlossen. An der äußersten Ecke, durch eine Holzbrücke

Links: Der Grafensaal ist der Festraum auf der Hohenzollern-Burg. Die sechs bronzenen Kronleuchter sind ebenso vergoldet wie Deckenwölbungen und Säulenkapitelle.

Mehr Fachwerk-Gemütlichkeit als gräflichen Glanz strahlt das Zollernschloß in Balingen aus. In der Nachschöpfung von 1936 befindet sich das Heimatmuseum.

mit dem Schloßbau verbunden, wacht der wuchtige runde Wehrturm. Sowohl vom Fluß als auch von den Gassen der Altstadt bieten sich malerische Blicke auf das Schloß.

Heute beherbergt es das Heimatmuseum der Stadt Balingen sowie das Waagenmuseum, das auf der Welt nicht seinesgleichen haben dürfte. Denn Balingen liegt im Zentrum einer bereits rund zweihundert Jahre währenden Industrieblüte, die durch die Erfindung der Neigungswaage durch den Pfarrer Philipp Matthäus Hahn (1739 – 1790) begründet wurde. Noch heute werden in Balingen Waagen gebaut – inzwischen allerdings vor allem elektronische.

In Lautlingen: Schloß der Stauffenbergs

Vermutlich im 13. Jahrhundert erhielten die Schenken von Stauffenberg ihren Titel von den Grafen von Zollern. Sie waren Kriegsleute und Ministeriale, Ratsherren, Politiker, Offiziere, Geistliche und Gelehrte. 1675 übernahmen die Stauffenbergs in Lautlingen, heute Teilort von Albstadt, das Schloß eines ausgestorbenen Adelsgeschlechts. Auch dort gab es schon im Mittelalter eine Burg, die um 1500 bereits Schloß genannt und 1848/50 abgebrochen wurde. An ihrer Stelle entstand das heutige Schloß als sachlicher Neubau in klaren Formen.

Berühmtester Sproß der Besitzerfamilie Stauffenberg ist Graf Claus Schenk von Stauffenberg. Er unternahm am 20. Juli 1944 das mißglückte Attentat auf Hitler und wurde standrechtlich erschossen; sein Bruder Berthold gehörte ebenfalls dem Widerstandskreis gegen die Nazidik-

tatur an und wurde 1944 hingerichtet. Der dritte Bruder war nicht in die Attentatspläne eingeweiht, wurde jedoch trotzdem verhaftet – ebenso wie die hoch verehrte Mutter, Gräfin Caroline von Stauffenberg.

Eine Gedächtniskapelle mit einer modernen Bronzefigur erinnert neben der nahen Kirche von Lautlingen an die tragischen Geschehnisse. In den Jahren 1969/70 kaufte die Gemeinde das Schloß von der Familie von Stauffenberg und richtete darin eine bedeutende musikhistorische Sammlung, einen Konzertsaal und eine Behörde ein.

Erwerb der Hohenzollern: Schloß Haigerloch

Nach dem Niedergang der schwäbischen Linie der Hohenzollern im 14. und in der ersten Hälfte des 15. Jahrhunderts und der Zerstörung der Stammburg Hohenzollern verschaffte Graf Eitelfriedrich II. dem Haus wie-

der politische Geltung. Er und seine Söhne konnten den Besitz wesentlich erweitern; 1497 kam die Herrschaft Haigerloch dazu; 1535 wurde Graf Karl I. von König Ferdinand I. mit den Grafschaften Sigmaringen und Veringen belehnt.

1558 vereinigte Karl I. den gesamten hohenzollerischen Besitz in seiner Hand. Doch er verfügte auch, daß nach seinem Tod die zollerischen Lande unter seinen drei Söhnen aufgeteilt werden sollten, und so entstanden 1576 gleich drei schwäbisch-hohenzollerische Linien: Hohenzollern-Hechingen, Hohenzollern-Sigmaringen und Hohenzollern-Haigerloch.

Doch bevor die Zollern sich Haigerloch einverleiben konnten, hatte das Schloß schon eine jahrhundertealte Geschichte. 1095 stand über einer Schleife des fast senkrecht in das Kalkgestein eingeschnittenen Eyachtals eine Burg. Von ihr blieben nur die Reste des Bergfrieds erhalten, der heute unter dem Namen »Römerturm« die Anhöhe krönt.

Nicht viel später, um 1200, wurde mit der Errichtung des heutigen Schlosses auf dem gegenüberliegenden Bergsporn begonnen. Aus dieser Zeit stammen die Unterbauten an der Westseite, der Gebäudeteil mit drei schweren Stützpfeilern, Schlitzfensterchen und zwei frühgotische Spitzbogenfenster der ehemaligen Schloß-

Links: 1819 entstand in Hechingen das klassizistische Neue Schloß anstelle eines Renaissanceschlosses. Heute »residiert« in dem Gebäude die Kreissparkasse.

kapelle. Beim Heraufkommen der Schloßsteige passiert man diesen ältesten Teil.

Das alte Schloß an der Stelle des heutigen »Römerturms« dürfte von den Grafen von Haigerloch erbaut worden sein. Nach ihrem Aussterben übernahmen die Grafen von Hohenberg das Schloß, ein mit den Zollern verwandtes Geschlecht, das politisch jedoch wesentlich bedeutender und einflußreicher war. Berühmtester Hohenberger war der Minnesänger Albert II., der im 13. Jahrhundert lebte. Seine Schwester Gertrud war mit Rudolf von Habsburg verheiratet, der 1273 in Frankfurt zum deutschen König gewählt wurde.

Im Lauf des 14. Jahrhunderts schwand die Macht des Hauses; der Urenkel des großen Albert mußte schließlich die ganze Grafschaft an Österreich verkaufen. Hundert Jahre lang gehörte Haigerloch den Habsburgern, doch zwang die Schuldenlast die Besitzer zur Verpfändung. Dann kauften die Herren von Weitingen Schloß Haigerloch.

Aus einer Urkunde von 1434 geht hervor, daß zum damaligen Schloß – zwischen Stadt- und Schloßniveau – drei Tore gehörten; es werden ein Torhaus, eine Kornschütte, Waffenkammer, Mehlkasten und Bäckerei in der Burgvogtei zwischen Kirche und Schloß genannt.

Aus dem Schloß wurde Graf Christofs Residenz

1450 erwarb Graf Ludwig von Württemberg das Schloß. Als sich seine Frau nach dem Tod des Grafen mit Erzherzog Albrecht von Österreich vermählte, fiel die Herrschaft nach ihrem Tod an Österreich. Durch Tausch

Für Kunstfreunde ein »Muß« ist die Schloßkirche von Haigerloch. Unter Fürst Josef Friedrich erhielt sie im 18. Jahrhundert ihre bemerkenswerte Rokoko-Ausstattung.

77

gelangte Schloß Haigerloch 1497 in den Besitz des Hauses Zollern. Bei der Erbteilung – 1575 beschlossen und 1576 ausgeführt – wurde Haigerloch dem Grafen Christof zugesprochen. Er richtete in Haigerloch seine Residenz ein. Der Schloßbau wurde um den südlichen Flügel und um einen Turm mit Wendeltreppe erweitert, der Hauptflügel nach Norden verlängert; an jeder Seite kam ein Erker hinzu. Es entstanden Zehntscheuer, Hofkaplanei und im ersten Stock des Torturms eine Kapelle. Anschließend nahm Christof die Errichtung der Schloßkirche in Angriff, deren Fertigstellung er jedoch nicht mehr erlebte. Sein Sohn beendete die Bauarbeiten.

Im Dreißigjährigen Krieg starb der letzte Graf der Linie Hohenzollern-Haigerloch. Nach der Bestimmung der Erbteilung fiel die Herrschaft nun an Sigmaringen. Danach wurde das Schloß erheblich verändert, Erker abgetragen und die Gebäude erhöht. Am Turm des mittleren Tors befindet sich ein Wasserspeier mit der Jahreszahl 1699, die auf die damalige Bautätigkeit schließen läßt.

Sigmaringens Fürst Josef Friedrich empfand eine besondere Vorliebe für Haigerloch und verlegte sogar seinen Regierungssitz dorthin. Als ihm seine Haigerlocher Untertanen in einer feierlichen Zeremonie im Schloßhof

Links: Etwas unterhalb des Schlosses, doch in seiner unmittelbaren Nähe liegt die Kirche von Schloß Haigerloch. Die Burg-Geschichte begann bereits 1095.

Treue gelobten, floß aus dem Brunnen Wein statt Wasser. Dieser Brunnen wurde 1744 gebaut.

Fürst Josef ließ vor allem die Schloßkirche wesentlich verändern. Es wurden Gewölbe eingebaut, Seitenaltäre errichtet und reiche Rokoko-Stukkaturen angebracht. Lediglich der Hochaltar und das Chorgitter aus der Zeit von Graf Christof blieben erhalten. Die Schloßkirche mit ihrer prachtvollen Ausstattung bildet heute den Hauptanziehungspunkt für Besucher Haigerlochs.

Um den langgestreckten, stimmungsvollen Hof mit Bäumen, Gärten, efeubewachsenen Fassaden und dem Schloßbrunnen gruppieren sich die Schloßbauten. Die Gebäude wurden inzwischen teilweise renoviert. Bis vor einigen Jahren fristete Schloß Haigerloch ein eher tristes Dasein. Im 19. Jahrhundert waren Behörden im Schloß, ein Teil diente als Gefängnis. Während des Ersten Weltkriegs wurde es zeitweise als Lazarett genutzt. 1919 zogen eine Web- und eine Landwirtschaftsschule ein, die bis 1975 dort blieb.

Dann wurde das Schloß von den hohenzollerischen Besitzern an den Privatmann Paul Eberhard Schwenk verkauft, der in einem Teil ein Schloß-

hotel einrichtete. Das Hauptgebäude, die Zehntscheuer und einige andere Gebäude wurden zu einem Zentrum für Kongreß, Kreativität und Kommunikation mit privater Kunstsammlung und Kongreßräumen umgestaltet. Zug um Zug wird seitdem auch äußerlich renoviert.

Auch unten in der Stadt stand früher eine Burg; unter dem Namen »Schlößle« beherbergt sie heute eine Brauereigaststätte. Sie wird von einem kräftigen Rundturm mit Spitzhelm an der einen Seite begrenzt; vom Fluß her führt eine steinerne Wendeltreppe in einem sechseckigen Turm hinauf. Diese Burg wurde erstmals 1413 erwähnt, soll aber schon zur Zeit der Kreuzritter bestanden haben.

Zur dritten Hohenzollern-Linie: nach Sigmaringen

Von welcher Seite Sie auch nach Sigmaringen kommen, das machtvolle Schloß ist nicht zu übersehen. Auf einem 50 Meter hohen Felsriegel, der sich senkrecht aus der Donau erhebt, folgen die verschiedenen Gebäude des Schlosses in Windungen dem fast hundert Meter langen Felsklotz und überragen die Dächer der Stadt. Schon 1077 stand eine Burg auf diesem markanten Felsen. Unter den verschiedenen Besitzern sind auch die Grafen von Helfenstein und König Rudolf von Habsburg genannt. Zuletzt gehörte die Burg den Grafen von Werdenberg.

Daß Sigmaringen zum Hause Hohenzollern kam, ist der unter Fürsten damals verbreiteten Sitte zuzuschreiben, daß der eine mal zur Abwechslung die Frau des anderen heiratete. Die Frau des letzten Werdenbergers war nämlich in erster Ehe mit Graf Eitelfriedrich III. von Zollern vermählt, und als die Werdenberger 1534 im Mannesstamm ausstarben, verschaffte sie ihren Kindern aus erster Ehe eine Anwartschaft auf Sigmaringen. Ein Jahr später war es soweit:

1535 erhielt ihr Sohn, Graf Karl I., die Grafschaft Sigmaringen als Lehen. Inzwischen war die alte Burg längst zum Schloß geworden. Die wehrhafte Burganlage aus dem Mittelalter, von der einige Teile in die Neubauten einbezogen waren, bestand aus dem Palas an der Nordwestseite unmittelbar über der Donau, einem Küchenbau und, etwas abgesetzt Richtung Westen, dem Bergfried. Der Rest des Felsklotzes war von einer Wehrmauer umgeben, die einen recht großen Burghof einschloß. Eine zweite Mauer umgab den Vorhof. An der Außenmauer kennzeichnet ein romanischer Bogenfries noch heute den Rest des ehemaligen Palas.

Mag auch der eindrucksvollste Blick auf Schloß Sigmaringen jener der Donaufront von Nordwesten sein (siehe Rücktitel), so wirkt die Schloßanlage auch von Westen ungemein anziehend.

Das Schloß der Werdenberger wurde unter den Hohenzollern größer und prächtiger

Die Werdenberger hatten die Burg zum Schloß gemacht. Ende des 15. Jahrhunderts ließen sie zwei im spitzen Winkel zulaufende Wohngebäude im Nordosten und zu Beginn des 16. Jahrhunderts einen weiteren Flügel nach Westen bauen. Das von zwei Rundtürmen flankierte Eingangstor, durch das der Besucher Schloß Sigmaringen betritt, stammt von diesem Werdenberger Schloß.

Im Empire-Stil gehalten ist der Grüne Salon im Schloß Sigmaringen. Hier hängt unter anderem ein Jugendporträt der Urgroßmutter des belgischen Königs Baudouin.

Die Hohenzollern bauten dann weiter. Zwischen 1576 und 1630 ließen Graf Karl II. und Fürst Johann umfangreiche Erweiterungsbauten hochziehen. Doch im Dreißigjährigen Krieg (1633) gingen größere Teile des Schlosses in Flammen auf. Fürst Meinrad I. ließ die zerstörten Gebäude wiederherstellen und die beiden Werdenberger Bauten sowie den dazwischenliegenden Hof unter einem Dach zusammenfassen.

Von 1715 bis 1769 wurde unter Fürst Josef das Innere des Schlosses prächtig ausgestaltet, zwischen 1785 und 1831 ein Fruchtkasten zum Kavaliersbau umfunktioniert, und 1862/67 entstanden der Galeriebau und die prachtvollen Innenausstattungen. In jener Zeit wurden viele Teile der Kunstsammlungen zusammengetragen. Der Hauptturm erhielt 1876 einen neugotischen Turmhelm.

Einer der schwärzesten Tage in der Geschichte von Schloß Sigmaringen war der 17. April 1893: Ein Großfeuer vernichtete den Ostteil des Schlosses mit vielen Kunstschätzen. Beim Wiederaufbau unter dem damals berühmten Schloßbaumeister Emanuel von Seidl wurden verschiedene frühere Epochen nachempfunden: Romanik, Gotik und vor allem Renaissance. »Eklektizistisch« nannte man diesen Stil, den Seidl auch bei vielen Münchner Prachtbauten um die Jahrhundertwende anwendete. Aus dieser Zeit stammen der Grüne, der Schwarze und der Rote Salon sowie die Portugiesische Galerie.

Noch einmal geriet das Schloß Sigmaringen in politische Wirren. Als 1944 die Alliierten in der Normandie gelandet waren, wurden die Regierungsmitglieder des französischen Vichy-Regimes einige Monate im Schloß untergebracht. 1945 suchte ein französischer Stoßtrupp die Herrschaften, doch diese waren schon weitergezo-

gen; dem Schloß blieben größere Schäden im Zweiten Weltkrieg erspart.

Führung durch 16 von insgesamt über 400 Räumen

Von den über 400 Räumen im Schloß Sigmaringen, dessen jetziger Inhaber der 1924 geborene Fürst Friedrich Wilhelm ist, werden bei einer etwa 45minütigen Führung 16 der schönsten gezeigt. Vom äußeren Tor gelangt man durch eine überwölbte Auffahrt zum zweiten Tor und in den Innenhof. Am unteren Teil des Bergfrieds sind noch gewaltige Buckelquader aus dem 12. Jahrhundert erhalten. Da der Felsen großenteils überbaut wurde, ist der Schloßhof nur klein.

Durch die Eingangshalle mit flachem Tonnengewölbe geht es über einen Treppenaufgang zu den verschiedenen Salons. Im Blauen Salon sind unter anderem Porträts der Familie Napoleons ausgestellt. Vielleicht aus Dankbarkeit, denn der Franzose mit den verwandtschaftlichen Beziehungen zum Hause Hohenzollern löste dieses Fürstentum nicht – wie viele andere – 1806 auf. Auch in den weiteren Salons befinden sich zahlreiche Gemälde, vor allem von Verwandten des Hauses.

Im Schwarzen Salon beeindruckt die Kassettendecke aus Stuck, die mit Graphit bemalt ist. Den Roten Salon schmücken vergoldeter Stuck am Deckengemälde und weitere Porträts der Mitglieder des Hauses Hohenzollern. An den Wänden des holzverkleideten Durchgangs zwischen dem Französischen Salon und dem Ahnensaal sind die berühmten Miniaturensammlungen des fürstlichen Hauses ausgestellt. Ausgesprochen wertvoll ist der flandrische Gobelin von 1697, der das Königszimmer schmückt. Eigentlicher Festsaal des Schlosses ist die Portugiesische Galerie, deren eine Seite von sechs wertvollen flämischen Gobelins geschmückt ist. In der anschließenden Hubertushalle wurden die zahlreichen Jagdtrophäen des

1965 gestorbenen Fürsten Friedrich zusammengetragen.

Als eine der größten privaten Waffensammlungen Europas gilt die Waffenhalle unter dem Schloßhof. Rund 3000 Waffen aller Art, von den ältesten Hellebarden über Morgensterne bis zu einer reichhaltigen Pistolensammlung und zum Schnellfeuergewehr des Zweiten Weltkriegs, dokumentieren die technische Entwicklung der Handfeuerwaffen. Auch seltene Kleingeschütze und Einzelstücke, darunter ein Orgelgeschütz aus dem 15. Jahrhundert, gehören zu dieser bestens gesicherten Sammlung.

Der bedeutende Kunstsammler Fürst Carl Anton trug im 19. Jahrhundert so viele Kunstschätze zusammen, daß er dafür einen eigenen Galeriebau auf dem westlichen Felsplateau errichten ließ. Dort sind Bildnisse altdeutscher Meister, Einzelstücke des Kunstgewerbes, Plastiken des 15. und 16. Jahrhunderts, vor allem aber Gemälde aus Süddeutschland ausgestellt. Im Untergeschoß befindet sich eine vor- und frühgeschichtliche Sammlung. Im fürstlichen Marstall am Fuß des Schloßbergs wurde ein Kutschenmuseum eingerichtet.

Abstecher zu Burgruinen an der Lauchert

Neben dem Glanz des Schlosses Sigmaringen verblaßt der Ruhm mittelalterlicher Burgruinen in der Umgebung der Stadt. Beispielsweise Ruine Hornstein im Lauchertal bei Bingen: Noch im 17. Jahrhundert ein recht ansehnliches Schloß, war es später

Strafanstalt und wurde schließlich 1873 abgebrochen. Hohe Mauerreste künden von seiner Existenz.

Lauchertaufwärts, in Sigmaringens Teilort Jungnau, ragt ein mächtiger Turm mitten im Ort fast bis an die Spitze des unmittelbar benachbarten Kirchturms. Büsche wachsen aus der Mauerkrone. Der noch etwa 17 Meter hohe Bergfried auf dem Felsen neben der Kirche stammt von einer Burg aus dem 14. Jahrhundert. Im Inneren gibt es noch einige Gewölbe. Am Ortsrand liegen die Reste einer zweiten Burg.

Auf einem Umlaufberg der Lauchert oberhalb von Veringenstadt wurde schon 1050 eine Schutzburg gebaut, die der Adelsdynastie der Grafen von Veringen gehörte, später an die Württemberger, an die Werdenberger und schließlich an die Hohenzollern ging. Außer der Burgkapelle sind nur noch geringe Reste erhalten.

Schlösser in Gammertingen und Trochtelfingen

In Gammertingen blieb ein recht stattliches Schloß mitten im Ort erhalten. Es wurde Mitte des 18. Jahrhunderts als Sitz einer Freiherrenfamilie im Empire-Stil erbaut. An der Querseite etwas links von der Mitte befindet sich eine vorgesetzte Giebelwand mit Wappen unter dem Giebel und geschmücktem Tor. Das Schloß dient heute als Rathaus, doch sollte man ruhig einmal eintreten. Das Treppenhaus birgt nämlich eine Überraschung: auf engstem Raum eine Doppeltreppe mit zwei griechischen Säulen, Galerie gegenüber dem Eingang und ein farbenfrohes Deckengemälde von Andreas Brugger, das Helios auf dem Sonnenwagen zeigt.

Inmitten des Städtchens Trochtelfingen, einst eine richtige Festung mit mehreren Mauerringen und noch heute erhaltenen Verteidigungstürmen mit Schießscharten, erhebt sich neben dem mächtigen Hohen Turm das Schloß. Hohe Staffelgiebel und ein steiles Dach über den drei Stockwerken prägen das Gebäude. Trochtelfingen war einst Residenz der Grafen von Werdenberg. Sie ließen das Schloß etwa zwischen 1470 und 1480 in spätgotischem Stil erbauen.

An der Ostseite ist ein achteckiger Treppenturm so vor die Schloßfront gesetzt, daß vier Ecken herausragen. Über dem recht kleinen Eingangstor befindet sich das Werdenberg-Heiligenbergische Wappen. 1534 erlosch das Geschlecht und damit Trochtelfingens Glanz als Residenz. Nach wechselnden Besitzverhältnissen kam die Stadt 1806 zu Hohenzollern-Sigmaringen. Das Schloß wurde zeitweilig als Rathaus benutzt und beheimatet heute die Grundschule.

Bastion über dem Tal der Schmeie

Unweit von Sigmaringen mündet die Schmeie in die Donau. Rund ein Dutzend Kilometer flußauf liegt Burg Straßberg. Während zahlreiche Burgen zu Ruinen wurden, hat diese Burg die Jahrhunderte einigermaßen überstanden und wird heute sogar wieder bewohnt. Straßberg, 70 Meter über dem Talgrund oberhalb des Orts, wurde im 12. Jahrhundert gegründet. Sie war lange Jahre im Besitz der geistlichen Herrschaft Straßberg. Von 1657 bis 1725 stand neben der Burg eine Schloßkirche, von der ein Rest des Chores noch zu sehen ist.

Häufiger Besitzerwechsel kennzeichnet auch hier die im einzelnen wenig bekannte Geschichte der Burg. Der Niedergang setzte im 18. Jahrhundert ein. 1967 übernahm ein Privatmann das Gemäuer und machte es wieder wohnlich; deutlich sichtbar erhebt sich das hohe Dach der Burg über den Wald.

Burg Straßberg über der Schmeie wird – was eine Seltenheit ist – heute noch beziehungsweise wieder bewohnt. Seit acht Jahrhunderten steht die Burg an dieser Stelle.

Das imposante Schloß von Donaueschingen gefällt vor allem von seiner
Gartenseite – und noch mehr zur
Sommerzeit, wenn die Fontäne Wasser
sprüht und alle Blumen blühen.

ser an der jungen Donau

Vom Fürstenbergischen Schloß in Donaueschingen wird zunächst berichtet, das Ende vorigen Jahrhunderts seine heutige Gestalt bekam. Schöne Schauräume und der Park locken die Besucher scharenweise. Dann geht es zum Lustschloß Wartenberg, zur Ruine Honberg über Tuttlingen, zu den Ruinen Hohenkarpfen und Hohenlupfen sowie zum Donaustädtchen Mühlheim mit seinen zwei Schlössern.

Noch im 19. Jahrhundert floß der Bach, der heute als Donauquelle bezeichnet wird, am Fürstenbergischen Schloß in Donaueschingen vorbei und vereinigte sich einige hundert Meter weiter mit den Donauquellflüssen Brigach und Breg. Dann wurde die Quelle in einem Rondell gefaßt und unterirdisch abgeleitet. »Donauquelle« prangt an der kunstvollen Einfassung der Stelle, an der das Wasser leicht wallend aus der Kiesschicht ans Licht dringt. Doch streiten sich bis heute auch die Orte an den Quellen von Brigach und Breg, wo die wirkliche Donauquelle liegt.

Das Hochadelsgeschlecht Fürstenberg stammt von den Grafen von Urach ab und kam 1218 durch Erbschaft zu weiten Teilen der Besitzungen der ausgestorbenen Herzöge von Zähringen im Breisgau, im Schwarzwald und auf der Baar. Die übliche Erbteilung wurde bei den Fürstenbergs durch Hausgesetz so geregelt, daß die Besitztümer aussterbender Linien immer wieder an Träger des Namens Fürstenberg zurückfielen. 1744 vereinigte Fürst Joseph Wilhelm

Ernst den Besitz des Gesamthauses in seiner Hand und machte das Fürstentum zu einer nicht unbedeutenden Territorialmacht, die flächenmäßig sogar die hohenzollerischen Lande übertraf.

Der Zweckbau von 1722 wurde erst 1893 prächtig ausgebaut

Im Herzen der Baar, einer Hochfläche zwischen der Schwäbischen Alb und dem Schwarzwald, wurde Donaueschingen 1723 zur Residenz des Fürstentums. Schon 1488 hatten die Fürstenbergs die Herrschaft Donaueschingen gekauft. Hier muß auch eine mittelalterliche Burg gestanden haben, doch erst 1550 ist offiziell von einer solchen die Rede. 1664 wird ein Schloß unweit des heutigen beurkundet.

Die neue Zentralmacht des Hauses Fürstenberg warf ihre Schatten voraus: Ab 1722 entstand ein neues Residenzschloß, großzügig, aber zunächst als reiner Zweckbau ohne aufwendigen Schmuck. Seine heutige Gestalt erhielt es erst 1893 / 96. Damals wurden die Nordflügel angebaut, die Südfassade durch einen vorgestellten Balkon mit überdachter Einfahrt und barocken Büsten belebt. Das

Dach über dem Eingang bekam ein Kuppelgewölbe. Zusammen mit den alten Barockelementen wird das Donaueschinger Schloß vor allem von den Merkmalen der späten Gründerzeit, des Historismus, geprägt.

Dies gilt in erster Linie für die Schauräume im Inneren: Barock für die repräsentativen Säle, überwiegend Rokoko für den Wohnbereich in herrschaftlicher Eleganz, praktische, moderne Errungenschaften in den Zweckräumen wie Badezimmer und Küche. Rund um das Schloß wurde ab 1790 ein großzügiger Park nach englischen Vorbildern mit barocken Elementen angelegt, der sich bis über die junge Donau hinüberzieht.

In einer halbstündigen Führung bekommen Besucher die wichtigsten Schauräume und bedeutende Samm-

lungen zu sehen. Wertvolle Gobelins schmücken den Treppenaufgang. Die neobarocke Empfangshalle erstreckt sich über zwei Stockwerke und wird durch ein Glasdach beleuchtet. Hier sind Erinnerungsstücke an Kaiser Wilhelm II., einen Freund des Hauses, außerdem Florentiner Marmorbüsten, Gemälde und weitere Ausstellungsstücke zu bewundern. Die berühmteste Kostbarkeit im Besitz des fürstlichen Hauses ist die Nibelungenhandschrift C, die als Faksimile ausgestellt wird.

Elegante Salons und hochmodernes Badezimmer

Im Rokoko- und Empirestil sind der Große und Kleine Salon gehalten, elegant und wohnlich zugleich. In allen Räumen stehen erlesene Möbel aus mehreren Epochen, gibt es Porzellan, Wandteppiche, Kristall-Lüster und Empire-Öfen. Ganz französisch eingerichtet ist das Schlafzimmer der Fürstin Dorothea, die wesentlichen Einfluß auf den Umbau Ende des vorigen Jahrhunderts hatte. Mit silbernen Waschschalen, viel Marmor, elektrischer Beleuchtung und einer Dusche mit Decken- und Seitenbrausen gehört das Badezimmer zu den modernsten seiner Zeit.

Der Westsaal mit französischen Wandteppichen aus dem 18. Jahrhundert erstreckt sich über zwei Stockwerke. Hier finden die Veranstaltungen der Donaueschinger Musiktage für zeitgenössische Tonkunst mit bedeutenden Interpreten statt.

Nicht einmal hundert Jahre lang war Donaueschingen Residenz und Mittel-

punkt des reichsunmittelbaren Fürstentums Fürstenberg. Napoleons Neueinteilung Europas schlug den größten Teil des Gebiets 1806 dem Großherzogtum Baden zu. Das Schloß, das Archivgebäude, die fürstliche Brauerei und weitere Ländereien sind aber bis heute im Besitz der Fürsten zu Fürstenberg.

Während im Schloß vor allem Möbel, Porzellan, Gobelins und Erinnerungsstücke ausgestellt werden, befinden sich die bedeutendsten Sammlungen mit außergewöhnlich reichhaltigen Urkunden und Dokumenten, außerdem Gemälden, Münzen, antiken Gipsfiguren und Musikalien in anderen Gebäuden der Umgebung, vor allem im Fürstenbergischen Archiv an der Haldenstraße.

Der erste Katalog »Handschriften altdeutscher Dichtungen der Fürstlich Fürstenbergischen Hofbibliothek« wurde übrigens 1858 von Victor von Scheffel zusammengestellt. Zu diesen Schriften zählen neben der erwähnten Nibelungenhandschrift auch die Chronik derer von Zimmern, von der im folgenden Kapitel die Rede sein wird, außerdem der »Parzival« von Wolfram von Eschenbach, 36 000 Verse der Straßburger Klaus Wysse und Philipp Colin von 1331 bis 1336. In der Notensammlung sind Handschriften von Mozart, Konradin Kreutzer, Beethoven und anderen zu finden. Diese Sammlungen haben die Fürsten zu Fürstenberg schon seit dem letzten Jahrhundert dem Fachpublikum zugänglich gemacht.

Wartenberg: Lustschloß mit Bergpark

Bevor das Flüßchen, das sich nun schon Donau nennt, aber erst später zum europäischen Strom wird, von der Baar her den Sperr-Riegel der Schwäbischen Alb erreicht, erhebt sich wie eine Warte aus der hügeligen Hochebene ein markanter Kegel, der Wartenberg. Wie die Berge des nicht fernen Hegau ist er vulkanischen Ursprungs.

Schon 1138 wurde hier eine erste Burg erwähnt. Sie und das umliegende Land kamen später in den Besitz des Hauses Fürstenberg, das anstelle der Burg ein neues Schloß erbaute. Es war jedoch schon 1790 zur Ruine geworden, die der neue Lehensnehmer, Baron von Lassolaye, Ende des 18. Jahrhunderts abräumen und durch ein Lustschlößchen ersetzen ließ. Es steht noch heute und wird privat bewohnt. Öffentlich zugänglich ist dagegen der Park am Berghang, ein ehemaliger Englischer Garten mit üppiger Vegetation. In der Nähe liegt die Ruine einer früheren Burg.

Etwa hundert Meter über Tuttlingen, halb so hoch wie die umliegenden Berge, blieb ein ehemaliger Umlauf-

Erst Ende vorigen Jahrhunderts erhielt der Südflügel des Schlosses von Donaueschingen durch die überdachte Einfahrt – die der Beletage einen schönen Balkon schafft – ihr heutiges Gesicht.

»Das außerhalb der Stadt auf einem schönen, hohen, runden Berg gelegene Schloß . . . wird Honberg genannt.« So der damalige Text zu dem Merian-Stich von Tuttlingen samt Honberg.

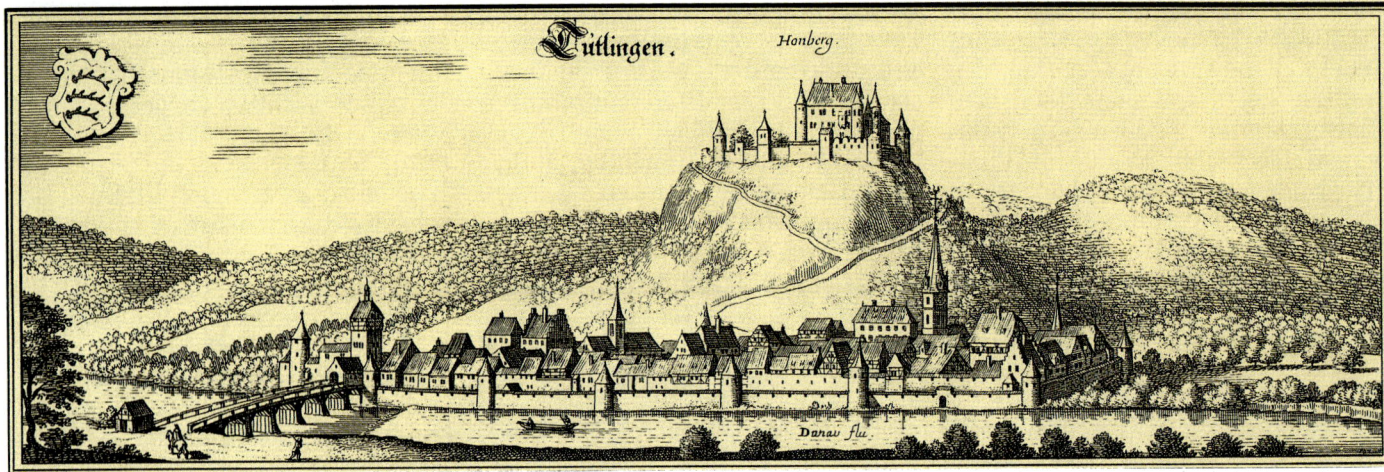

berg der Donau stehen, der Honberg. Trotz seiner günstigen Lage stand nie eine Ritterburg auf dem Honberg. Erst dem württembergischen Grafen Eberhard erschien die Erhebung als Standort für eine Verteidigungsanlage auf dem Weg zur Landesfestung Hohentwiel günstig. Das war 1460.

Beachtliche Überreste zeigen Ausmaße der Festung Honberg

Das weitläufige Plateau wurde mit einer Mauer umgeben, und an der Spitze des Bergs über der Stadt entstand die eigentliche Burg als Wohn- und Amtssitz des württembergischen Obervogts. Die gesamte Verteidigungsanlage ist in ihren Umrissen erhalten und dient heute als Park.
Beachtlich sind die Reste der Wohnburg des Vogts. Sie war mit vier Rundtürmen bewehrt, hatte ein hohes Satteldach und seitliche Staffelgiebel, wie Abbildungen von 1544 und 1643 zeigen. Zweihundert Jahre lang war die Burg mit bis zu 15 Mann Besatzung belegt – viel Personal für damalige Zeiten. Honberg gehörte auch deshalb zu den acht besten Festungen des damaligen Württemberg.
Besonders stark war die österreichische Besatzung zwischen 1520 und 1530, als Herzog Ulrich im Exil war. Nach Rückkehr von Ulrich als Landesherr konzentrierte er sich jedoch auf den Ausbau des Hohentwiels als Landesfestung und vernachlässigte Burg Honberg, die allmählich verkam.

Während des Dreißigjährigen Kriegs lockte die Festung abwechselnd alle Kriegsparteien an. Deshalb entschloß sich der Kommandeur vom Hohentwiel, der die württembergischen Belange vertrat, Honberg 1645 unbrauchbar zu machen, damit niemand mehr dort Unterschlupf finden konnte. In den folgenden Jahrhunderten diente die Ruine als Steinbruch.
Ende des 19. Jahrhunderts begann der Tuttlinger Verschönerungsverein, die Ruine wiederherzustellen. Die beiden Rundtürme zur Stadt hin wurden wiederaufgebaut; der eine erhielt einen Zinnengiebel in der damals gängigen romantisierenden Form, der andere einen Haubengiebel wie die ursprüngliche Burg. Von den beiden rückwärtigen Ecktürmen sind bis zu zwei Meter

hohe Stümpfe erhalten. Die Außenmauern mit Fensteröffnungen reichen stellenweise noch bis an den ehemaligen Dachansatz – teils original, teils in Rekonstruktion. Heute ist Honberg ein beliebtes Spazierziel für die Tuttlinger.

Hohenkarpfen und Hohenlupfen

Zwei Bergkegel, die zwischen Tuttlingen und Spaichingen dem Albrand vorgelagert sind, trugen einst mittelalterliche Burgen. Auf dem Hohenkarpfen stand wohl schon um 1100 eine erste Burg. Ihre Bewohner verkamen im 14. Jahrhundert zu Raubrittern. Später fiel Burg Hohenkarpfen an Württemberg, wurde im Dreißig-

Rechts: Das neue oder hintere Schloß von Mühlheim steht anstelle einer Burg des 12. Jahrhunderts und erhielt im 16. und 17. Jahrhundert seine heutige Gestalt. Erst 1986 wurde das Schloß renoviert.

jährigen Krieg zerstört und nicht mehr aufgebaut. Nur noch geringe Reste blieben übrig.

Auch auf dem Hohenlupfen sind nur noch spärliche Überbleibsel der einst gewaltigsten mittelalterlichen Festung der Umgebung erhalten, die 1377 wegen Wegelagerei der Besitzer zerstört, danach erneuert und 1416 wiederum vernichtet wurde. Nun in württembergischem Besitz, entstand ein Neubau, der im Dreißigjährigen Krieg zur Ruine wurde. Seit 1911 steht auf diesem sogenannten Zeugenberg ein Aussichtsturm des Schwäbischen Albvereins.

Gleich zwei Schlösser im romantischen Mühlheim

Über einen langgezogenen Bergsporn – etwa 40 Meter über der Donau – zieht sich die Oberstadt von Mühlheim, die in ihrer Gesamtanlage wie eine Burg wirkt. Von der Bergseite her betritt man das alte Städtchen durch ein enges Tor. Fachwerkhäuser säumen die Straße bis zur Bergspitze, auf der das prächtige Schloß steht. Den schönsten Anblick des Schlosses mit seinen zwei schlanken, kupferbedeckten Türmen hat man freilich von der Unterstadt an der Donau.

Schon um 1200 stand hier eine Burg, 1255 wird eine ummauerte Stadt im Besitz der Grafen von Zollern er-

wähnt. 1409 kam Mühlheim in den Besitz der Herren von Enzberg, eines ritterschaftlichen Geschlechts, das zum Ritterkanton Hegau gehörte und selbständige Landesoberhoheit ausübte. Das Schloß wird noch heute von den Herren von Enzberg bewohnt und ist nicht zu besichtigen.

Um 1470 wurde die Burg umgebaut, im 16. und 17. Jahrhundert teilweise abgerissen und zum repräsentativen Schloß umgestaltet. Damals füllte man den Burggraben auf, beseitigte die Zugbrücke und legte Freitreppe und Garten an. Trotzdem hat die Anlage ihren wehrhaften Charakter behalten und wurde zum Wahrzeichen der

Stadt. Seit der Renovierung im Jahr 1986 erstrahlt das Schloß in neuem Glanz.

Dieses sogenannte neue oder hintere Schloß ist jedoch nur eines von zwei Schlössern in Mühlheim. 1470 teilten sich nämlich zwei Enzberger Erben die Herrschaft, dabei erhielt der eine das eben beschriebene hintere Schloß, der andere das ebenfalls schon vorhandene vordere, das alte Schloß. Es wurde jedoch im 19. Jahrhundert wegen Baufälligkeit abgebrochen und neu aufgebaut. Heute befindet es sich im Besitz der Stadt, die dort Pläne für ein Heimatmuseum und ein Bürgerhaus verwirklicht.

Mit seinen zwei Schlössern hat Mühlheim an der Donau ein bemerkenswertes Stadtbild zu bieten: Links das hintere (oder neue) Schloß, rechts das vordere (oder alte) Schloß.

*Wahrzeichen des Donaudurchbruchs:
Schloß Werenwag, das leider nicht zu
besichtigen ist. Seit etwa 1100 steht
die Burg in steiler Höhe auf einer
vorspringenden Felsnase.*

Wo die obere Donau am schönsten ist – beim Donaudurchbruch –, hat sich manch Adelsgeschlecht gern niedergelassen. Von einigen Burgen stehen nur noch spärliche Ruinenreste, aber drei eindrucksvolle Burgen gibt es noch: die herrlichen Felsennester Wildenstein und Werenwag sowie das Schloß Bronnen.

Bei Fridingen tritt die Donau in die wohl eindruckvollste Landschaft im deutschen Südwesten ein – den dramatischen Durchbruch des Flusses durch die Schwäbische Alb. Bis zu 400 Meter tief haben sich enge Mäander und weite Schleifen der Donau in das Juragestein eingefräst und dabei alpin anmutende Felswände und enge Schluchten gebildet, die stellenweise kaum für einen Weg, geschweige denn für eine Straße Platz bieten.

Im engsten Teil des Donaudurchbruchs, in der großen Schleife zwischen Fridingen und Beuron, bietet sich ein weiteres Naturschauspiel: die Versinkung eines Teils des Donauwassers im Karstuntergrund – erst nach fast 20 Kilometer tritt es in der Aachquelle im Hegau wieder ans Tageslicht.

Hoch über diesem wildromantischen Teil des Donaudurchbruchs stand seit dem 13. Jahrhundert die stolze Burg Kallenberg als Mittelpunkt einer kleinen Herrschaft mit mehreren Dörfern und Gehöften. Nach dem Aussterben der Ritter von Kallenberg wechselten wiederholt die Besitzer, um 1800 beginnt der Zerfall der Burg. Ein Erdbeben setzte ihr 1911 kräftig zu, und heute stehen nur noch der Bergfried und Reste von Umfassungsmauern und Fundamenten. Sie sind so gesichert, daß gefahrloses Betreten möglich ist.

Doch nur wenige Wanderer verirren sich hierher – nach mindestens halbstündiger Wegzeit von den dahinterliegenden Hochflächen durch dichten Wald oder einem noch längeren Aufstieg vom Tal. Doch die Mühe lohnt sich: Unmittelbar vor einem tauchen zwischen den Bäumen der Turm mit einem erhaltenen Giebel und die Mauern auf. Nach wenigen Schritten durch die Gemäuer steht man auf der Spitze des Felsens. Tief unten liegen die in das Gestein geschnittenen Donauschlingen. Aus nicht weniger großartiger Lage grüßt Schloß Bronnen – drei Kilometer entfernt – herüber.

Vielleicht erfährt der Wanderer auch von dem reichen, hartherzigen Ritter, der seine Tochter verstieß, weil sie unstandesgemäß den Müllersohn aus der Bronner Mühle liebte. Vor Kummer darüber, daß sie nicht mehr heimkommen durfte, stürzte sie sich in die Donau. In mondhellen Nächten erscheint ihr Geist über dem Wasser und zerteilt heimtückische Bodennebel, um Wanderer vor dem Sturz in den Fluß zu bewahren. Ihr Vater dagegen findet auf Kallenberg keine Ruhe. Tag und Nacht muß er sein vergrabenes Geld zählen, und wer nach dem Schatz sucht, dem erscheint eine finstere Gestalt mit feurigen Augen und versucht, ihn über den Felsen hinabzustürzen.

Die zwei Gesichter von Schloß Bronnen

Vom Tal aus wirkt Schloß Bronnen wie eine trutzige Burg auf schroffer Klippe inmitten der Felswildnis der Donauschlucht. Wer sich jedoch von der Bergseite nähert und ab und zu einen Blick zwischen Bäumen und dichter Hangbewaldung auf Bronnen werfen kann, der bekommt eher den Eindruck eines verspielten Märchenschlosses in lieblicher Waldeinsamkeit. Von über einem Dutzend Burgen und Schlössern, die einst in waghalsigen Höhen auf den Felsnadeln und Bergvorsprüngen über der Donau gebaut wurden, blieb Bronnen als eines von drei erhalten.

Natürlich nicht die ursprüngliche Burg, die um 1200 als zollerische Wacht- und Wehrburg entstanden sein dürfte. Wahrscheinlich mußte sie aus finanziellen Gründen schon 1391 an eine Familie von Weitingen verkauft werden, von der die Freiherren von Enzberg im Jahr 1409 Bronnen zusammen mit Mühlheim erwarben.

Von der alten Burg zum barocken Jagdschloß

Das Schloß gehört noch heute den Enzbergs. Sie machten im 18. Jahrhundert aus der alten Burg ein barokkes Jagdschloß und ließen auch eine Kapelle von einem Baumeister des Deutschritterordens erbauen.

Die württembergische Oberamtsbeschreibung von 1879 hat großenteils heute noch Gültigkeit: »Schloß Bronnen liegt auf senkrechtem, durch eine tiefe Schlucht von dem übrigen Gebirg. getrenntem Felsblock. Eine

Von der einst stolzen Burg Kallenberg sind nur noch der Bergfried mit seinen mächtigen Buckelquadermauern und einige Reste der Umfassungsmauern erhalten.

schmale Holzbrücke führt über die Kluft zu der noch mit einer Ringmauer umgebenen Burg hinüber, und zwar zu dem gerade am Eingang stehenden steinernen Bau, der, auf alten Mauern errichtet, turmartig aufsteigt und das eigentliche Schlößchen bildet, weiter innen stehet eine verlassene Kapelle und außen am Rande der Ringmauer das Jagdschlößchen, aus Fachwerk erbaut.«

Rechts: Von der Ruine Kallenberg hat man einen herrlichen Blick in den engsten Teil des Donaudurchbruchs. Links im Hintergrund ist Schloß Bronnen zu erkennen.

Im Vorbeifahren ist dieser Eindruck nicht zu erlangen: Schloß Bronnen ist nicht auf öffentlichen Straßen oder Wegen für Autofahrer zugänglich. Lediglich von einem Aussichtspunkt jenseits des Tales, an der Straße zwischen Beuron und Fridingen, hat man, einige Meter vom Parkplatz entfernt, einen guten Ausblick auf Bronnen und die Donauschlucht.

Die schönsten und von jeder Seite anderen Eindrücke sind jedoch bei einer Wanderung oder Radtour durch das hier für andere Fahrzeuge gesperrte Donautal zu bekommen. Dabei erlebt man nicht nur die Donauschluchten in ihrem unberührtesten Teil, sondern hoch oben auch das Schloß: von Süden in seinen gesamten Ausmaßen, von Westen als turmartig ansteigende Burg. Zu ihr geht es auf guten Wegen hinauf; eine Brücke überquert den Taleinschnitt. Dann steht man jedoch vor verschlossener Tür – weil das bewohnte Schloß nicht zu besichtigen ist.

In 500 Jahren nie zerstört: Felsennest Wildenstein

200 Meter über der Donau, in deren Wasser sie sich geheimnisvoll spiegelt, wächst unterhalb von Beuron aus stei-

lem Fels Burg Wildenstein. Die erste Burg aus dem 12. Jahrhundert kam um 1400 in den Besitz der Grafen von Zimmern und wurde anschließend zu einer mächtigen Festung ausgebaut. Sie hatte zwar keine größere strategische Bedeutung, war jedoch ein sicherer Zufluchtsort in unruhigen Zeiten. Tatsächlich wurde Burg Wildenstein nie zerstört und geriet auch nur einmal kurze Zeit aus Unachtsamkeit in die Hände eines Feindes.

Das war im Dreißigjährigen Krieg, als Wildenstein mit einem Kommandanten und vier Musketieren belegt war. Drei von ihnen gingen eines Tages zur Kirche, der vierte spazierte in der Gegend herum und ließ das Tor der Vorburg offen. Diese Gelegenheit benutzten die überraschend anrückenden Feinde, um die Burg zu besetzen. Nur mit Mühe konnte sie später wieder entsetzt werden, und größere Schäden gab es dabei nicht.

Eine wichtige kulturgeschichtliche Bedeutung erhielt Wildenstein durch ein literarisches Werk, das um 1565 in seinen Mauern entstand. Damals schrieb Graf Froben Christoph von Zimmern in mehrjähriger Arbeit die Familiengeschichte seines Geschlechts. Diese mehrbändigen Aufzeichnungen schildern nicht nur den Alltag des schwäbischen Landadels,

sondern streifen auch die geschichtlichen Zusammenhänge des ganzen südwestdeutschen Raums.

Das erhaltene Werk, dessen Original in den fürstlichen Sammlungen in Donaueschingen verwahrt wird, gehört zu den eindrucksvollsten Schilderungen des Lebens im Spätmittelalter und enthält überdies zahlreiche Anekdoten und Lebensweisheiten aus damaliger Sicht. Wer immer Zusammenhänge oder Lebensart des ausklingenden Mittelalters aufspüren will, wird auf die Chronik derer von Zimmern stoßen.

Als Chronisten und Ratgeber von beträchtlicher Bedeutung

Die Grafen von Zimmern hatten beträchtliche Bedeutung. Um 1500 war einer aus dem Hause sogar Ratgeber des Herzogs Sigismund von Österreich. 1594 erlosch das Geschlecht im Mannesstamm; die überlebenden Schwestern verkauften Wildenstein an die Grafen von Helfenstein-Gundelfingen, 1626 kam sie an das Haus Fürstenberg. 1971 wurde sie vom Deutschen Jugendherbergswerk erworben und als Jugendherberge ausgebaut – einer der eindrucksvollsten hierzulande.

Vom Tal her völlig unzugänglich, war

steiner Altar, der dem Meister von Meßkirch zugeschrieben wird, ist in der Fürstlich Fürstenbergischen Galerie in Donaueschingen zu bewundern.

Durch einen niedrigen, kasemattenähnlichen Tunnel gelangt man von der Brücke durch diesen Militärbau in den Innenhof, der glücklicherweise gar nicht mehr militärisch wirkt. An Tischen und Bänken sitzen Wanderer und viele junge Menschen, ein rekonstruierter Ziehbrunnen über der Zisterne gibt einen Hauch Romantik dazu. Der Palas jenseits des Innenhofs an der äußersten Felsenkante wurde zum Hauptgebäude der Jugendherberge mit einer öffentlich zugänglichen Gaststätte im Erdgeschoß. Die anderen Stockwerke und die übrigen Gebäude stehen nur Hausgästen offen.

Schloß Werenwag – Wahrzeichen des Donaudurchbruchs

Die dritte erhaltene Burg auf steiler Höhe ist Werenwag über dem nördlichen Flußufer. Schon von weitem ist sie auf einer sich ins Tal vorschiebenden Felsnase von der Talstraße zu erblicken und wurde zum Wahrzeichen des Donaudurchbruchs. Von Beuron her erscheint das Schloß als langgestreckte Gruppe mehrerer Gebäude, aus der anderen Richtung dagegen als kompakter, treppenartig übereinandergestaffelter Baukörper.

Die ersten Anfänge der Burg (um

Wildenstein lediglich von der Bergseite gefährdet. Beim Ausbau zur Festung wurden deshalb zwei Gräben angelegt, die von einer Bergschlucht zur anderen reichten. Vom Parkplatz an der Rückseite der Burg geht man zunächst über einen weniger tiefen Burggraben und gelangt in das Vorwerk mit Wehrgängen und zwei massiven Wehrtürmen. Dahinter folgt der zweite, heute noch 25 Meter tiefe Graben, den eine schmale Brücke – einst eine Zugbrücke – überspannt.

Dahinter scheint die Front der Hauptburg geradezu aus dem Felsen herauszuwachsen. Schießscharten aus dem 16. Jahrhundert zeugen davon, daß die Burg auch auf Feuerwaffen eingestellt war. Im Inneren dieses Bauteils gab es sogar einen Exerziersaal. Unterirdische Gänge führten zum Palas an der Talkante. Die Dachkonstruktion konnte bei feindlicher Beschie-

ßung abgeworfen werden, um die Verteidigungsfähigkeit zu verbessern.

Im östlichen Teil gab es eine Kapelle mit einem kunstvollen Altar. Er zeigt ein Marienbild, umgeben von den 14 Nothelfern – mit den Gesichtszügen der Grafen von Zimmern! Der Wilden-

1100) sind mit den Grafen von Zollern und ihren Dienstleuten verknüpft. Der Name geht auf Werbinwac zurück, und einer von ihnen, Huc von Werbinwac, wurde als Minnesänger berühmt. Er hat anmutige Verse geschrieben, darunter auch das Maienlied: »Freudenreicher, süßer Maie, du sollst uns willkommen sein, schöner Blumen mancherleie bringet uns dein süßer Schein. Ja du hast die Welt so schön erneuert, hast befreiet Vögelein.«

Der Übergang von der Burg zum heutigen Schloß begann schon zur Zeit der Herren von Werbinwac und wurde im Lauf der Jahrhunderte in mehreren Epochen vorangetrieben. Der Burggraben zum Berg hin wurde größtenteils eingeebnet. Während die anderen Schlösser und Burgen damals meist noch Zisternen hatten, beschreibt eine fürstenbergische Urkunde von 1631 ein aus Messing gegossenes Stampfpumpenwerk, mit dem über Zwischenstufen das Wasser vom Schmittenbrunnen aus dem Tal zum Brunnenhaus im Vorhof von Schloß Werenwag heraufgepumpt wurde.

Um dieses Wasser gab es mancherlei Streit, denn der Schmittenbrunnen war Eigentum des Klosters Beuron. Als ein solcher Streit wieder einmal beigelegt war, so die alten Dokumente, gab es 1677 ein großes Gastmahl im Schloß, bei dem zum Zeichen der Aussöhnung ein goldener Pokal kredenzt wurde – gefüllt mit Wasser dieses Brunnens.

Seit 1837 befindet sich Schloß Werenwag im Besitz der Fürsten von Fürstenberg. Es ist bewohnt und nicht öffentlich zugänglich. Auch die Zufahrtstraßen sind gesperrt. Wanderer können das Schloß allerdings auf steilen Wegen vom Tal oder auf einem ebenen, etwa zweieinhalb Kilometer langen Fahrweg vom Wanderparkplatz beim Ort Schwenningen auf der Albhochfläche erreichen und die Gebäude aus der Nähe bewundern, ohne jedoch den Schloßhof betreten zu dürfen.

Die böse Schwester von Pfannenstiel

Um manche heute verfallene oder sogar kaum mehr nachzuweisende Burg in dem schwer zugänglichen und deshalb menschenleeren Gebiet der Donauschluchten und ihrer tiefeingeschnittenen Nebenflüsse ranken sich schaurig-schöne Legenden. Da gibt es

Links: Rund 200 Meter sind es von der Burg Wildenstein bis hinunter zur Donau. Die nie zerstörte Burg gehörte eine Zeitlang den Grafen von Zimmern, deren Chronik ein wichtiges Dokument des Spätmittelalters ist.

beispielsweise die Ruine Pfannenstiel über dem tiefen Bäratal. Auf den Resten der Ringmauer wurzeln mächtige Bäume.

Hier wohnte einst ein Ritter, dessen einzige Tochter so verwöhnt war, daß sie immer herrschsüchtiger wurde und niemanden um sich duldete. Als sie dann noch ein Brüderlein bekam, befahl sie heimlich einem Diener, es in der Bära zu ertränken. Auf dem Weg dorthin entdeckte eine alte Frau das Kind im Tragekorb des Dieners und nahm es ihm weg, bevor er es töten konnte. Der Diener kam ohne Baby zur Burg zurück, und die böse Schwester glaubte, es sei tot. Als sie wenig später mit einem Ritter aus der Nachbarschaft Hochzeit feierte, kam ein Gewitter auf und setzte Burg Pfannenstiel in Brand. Die Gäste entkamen, doch die böse Braut wurde vom Blitz erschlagen.

Der Knabe wuchs indes zum schmucken Jüngling heran und erfuhr erst spät, daß er ein Sohn des Ritters von Pfannenstiel war. Darauf baute er auf dem benachbarten Kreidenstein eine neue Burg, weil er den Ort des Unheils nicht mehr betreten wollte. Er glaubte, daß dort seine böse Schwester als Gespenst umgehe. Auf dem Kreidenstein steht tatsächlich eine Ruine, über deren wirkliche Geschichte aber kaum etwas bekannt ist.

Unterhalb von Werenwag sind die meisten alten Burgen abgegangen, wie der Fachmann sagt. Nur ihre mehr oder weniger erhaltenen Ruinen blieben übrig und säumen in Abständen von wenigen Kilometern den schluchtenreichen Weg der Donau. Manche verstecken sich heute hinter den am Hang hochwachsenden Bäumen, an-

dere erregen wegen ihrer Lage auf spitzen Felsnadeln noch immer Bewunderung. Ob diese Lage mehr der Sicherheit und dem Schutz der Bewohner diente oder ob man den Nachbarn einfach übertreffen wollte, bleibt nun ungeklärt; beides spielt wohl zusammen. Lage und Zugang der Burgen, die den Angriffen größtenteils widerstanden und auf natürliche Weise verfielen, waren oft so raffiniert gewählt, daß selbst Kundige zuweilen nur mit Mühe den richtigen Pfad ausmachen konnten.

Von stolzen Rittern und morschen Burgruinen

Daß die stolzen Ritter sich von anderen nicht gern übertreffen ließen, bezeugt die hübsche Geschichte von einer kleinen Kirche auf einer Donauinsel am Tiergartenhof. Sie soll sieben Türen gehabt haben, damit alle Ritter gleichzeitig eintreten konnten und keiner dem anderen den Vortritt lassen mußte.

Hoch über Hausen erhebt sich auf der Spitze eines Kalkfelsens die Giebelwand von Schloß Hausen. Es wurde um 1020 erstmals erwähnt und ist seit dem 19. Jahrhundert eine Ruine, die abgebrochen wurde. Vom Wanderparkplatz auf der Albhochfläche ist die Ruine in zehn Minuten zu erreichen. Eine Holzbrücke führt über einen tiefen, von Strauchwerk fast zugewachsenen Graben in die recht weitläufige Anlage. Zwischen den Mauerresten wachsen Bäume, auf denen Eichhörnchen turnen. Die Aussicht ins Donautal ist atemberaubend.

Nur schwer zwischen Bäumen auszumachen ist dagegen Ruine Falkenstein. Die Burg soll schon im 10. Jahrhundert nach den Ungarneinfällen gebaut worden sein und hing einst wie ein Raubvogelnest an der Spitze eines Bergvorsprungs. Der Turm war so hoch und trug auf dem massiven Teil noch einen Holzaufbau, daß er, so die Chronik derer von Zimmern, bei starkem Wind dermaßen wackelte, »daß ein Schüssel Wasser unverschütt nit bleiben möcht«.

1516 erwarb Gottfried von Zimmern Burg Falkenstein und ließ den schwankenden Bergfried erneuern.

95

Schloß Gutenstein entstand – trotz der exponierten Lage rund 30 Meter über der Donau – nicht anstelle einer früheren Burg, sondern wurde erst im 18. Jahrhundert erbaut.

Trotzdem hat Burg Falkenstein die Zeiten nicht überstanden.

Gutenstein, Dietfurt und Gebrochen Gutenstein

Dreißig Meter senkrecht über der Donau erhebt sich das dreigeschossige Schloß Gutenstein. Das ist keine alte Ritterburg, sondern ein klassizistisches Bauwerk aus dem 18. Jahrhundert. Es hatte mehrere Besitzer und wird seit 1978 privat bewohnt. Wegen seiner Lage auf dem Felsen paßt es in unsere Reihe der schloßartigen Burgen.

Mitten im schon etwas breiteren Donautal blieb bei Dietfurt ein Felsklotz stehen, auf dem ein viereckiger Bergfried alte Ritterherrlichkeit ahnen läßt. 1095 wurden die Herren von Dietfurt erstmals genannt, nach ihrem Aussterben wechselte die Burg häufig die Besitzer und verfiel. Die Ruine selbst ist nicht zugänglich, ihre Lage jedoch sehr eindrucksvoll. Zu ihren Füßen zeltet – wie an vielen Stellen im Tal – jeden Sommer junges Volk, das die hier dafür gut geeignete Donau mit Kanus oder mit Booten befährt.

Geradezu schwindelerregend wachsen wenig talabwärts an der Einmündung der Schmeie in die Donau Mauerreste von Ruine Gebrochen Gutenstein aus einem angenagten Felsriff, an dem Bergsteiger mit Seil und Haken das Klettern trainieren. Es handelt sich um eine schon um 1540 als Ruine bezeugte Vorburg von Dietfurt. In der Mauer ist von der Straße her noch ein gotisches Fenster zu erkennen. Erinnerung an große Zeiten des Burgenbaus.

Links: Bizarre Felsen und Mauerreste – das ist die Ruine Gebrochen Gutenstein. Schon um 1540 soll die Burg zerstört und nie wiederaufgebaut worden sein.

Alle in den vorhergehenden Kapiteln und der anschließenden Dokumentation genannten Burgen, Schlösser und Ruinen sind in der Übersichtskarte der Schwäbischen Alb verzeichnet.

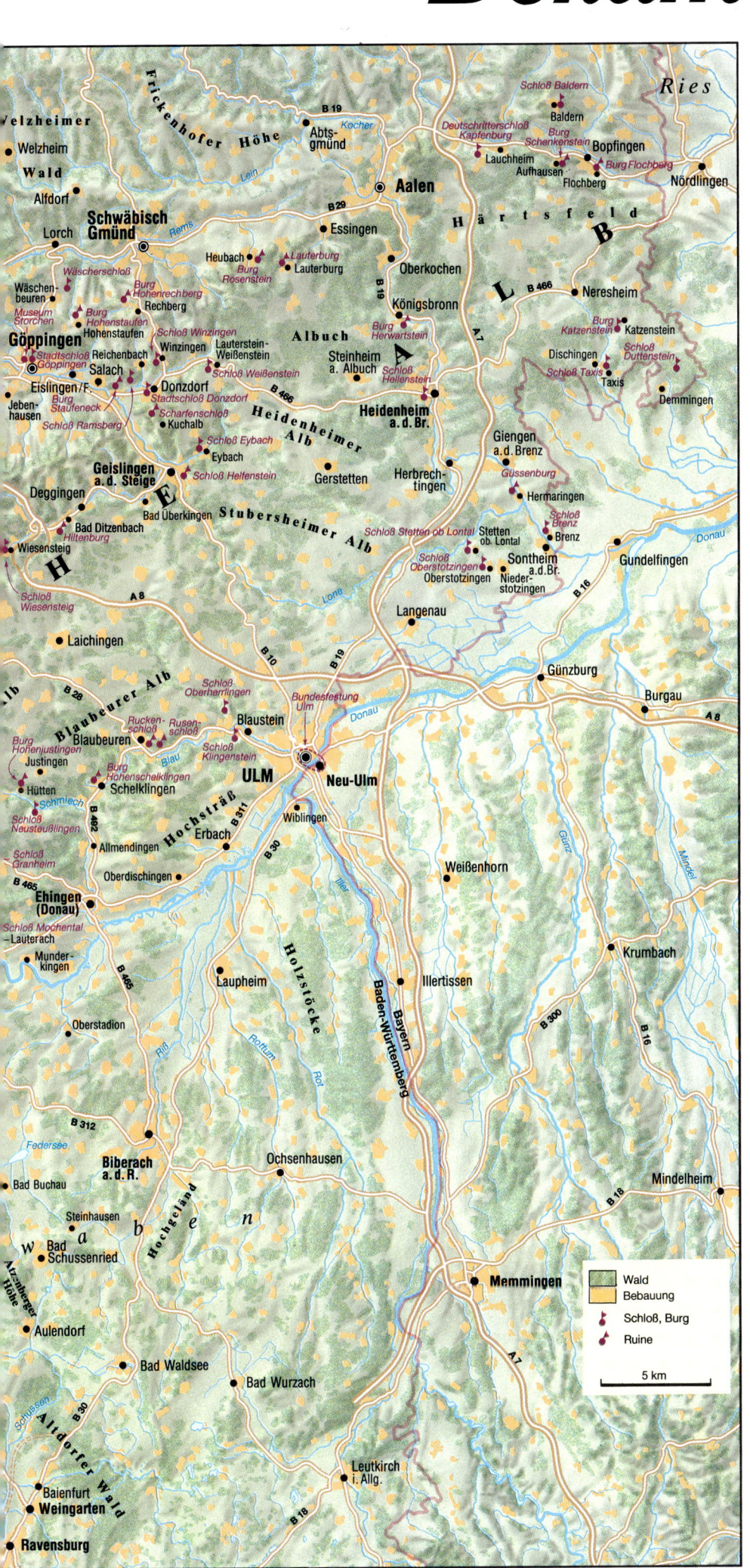

Nahezu alle Burgen, Schlösser und einigermaßen sehenswerten Ruinen auf der Schwäbischen Alb haben wir auf den vorhergehenden Seiten ausführlich beschrieben. Hier folgt nun eine Aufstellung der einzelnen Ziele mit den wichtigsten Stichworten, Zufahrtsbeschreibungen und – soweit nötig – Öffnungszeiten. Auch Ruinen oder nicht öffentlich zugängliche Schlösser, die im Hauptteil nicht beschrieben oder nur erwähnt wurden, sind hier in alphabetischer Reihenfolge aufgeführt. Die Seitenzahl verweist auf die Beschreibung im Text.

	Wald
	Bebauung
	Schloß, Burg
	Ruine

5 km

Achalm, Ruine
7410 Reutlingen
Auf markantem Kegel über Reutlingen erstmals 1030 erbaut und später als Schloß erweitert, am Ende des Dreißigjährigen Kriegs abgebrochen. Auf den Grundmauern des Bergfrieds ein Aussichtsturm. Sonst nur geringfügige Mauerreste.
Frei zugänglich, Aufstieg in 30 Minuten vom Parkplatz am Hotel Achalm.
Seiten 53, 54

Bad Urach, Residenzschloß
7432 Bad Urach
Renaissanceschloß von 1443, mit spätgotischer Säulenhalle (Dürnitz), Palmensaal, Weißem Saal und dem Goldenen Saal im Renaissance-Stil, der zu den bedeutendsten profanen Kunstdenkmälern dieser Bauepoche in Südwestdeutschland gehört.
Besichtigungen vom 1. April bis 31. Oktober Dienstag bis Sonntag 10, 11, 14, 15, 16 und 17 Uhr, vom 1. November bis 31. März 11, 14, 15 und 16 Uhr. Montag Ruhetag.
Seiten 41, 42

Baldeck, Ruine
7432 Bad Urach-Seeburg
1256 erstmals genannte, vermutlich im 16. Jh. aufgegebene oder zerstörte Burg über dem Seeburger Tal. Nur spärliche Reste auf steilem Fels über dem Tal.
Frei zugänglich zu Fuß vom Parkplatz Baldeck im Seeburger Tal.
Seite 44

Baldern, Schloß
7085 Bopfingen-Baldern
Barockschloß auf Bergkegel über dem Nördlinger Ries, im 18. Jh. aus einer Wehrburg vom 12. Jh. entstanden. Besonders beachtlich die Stuckarbeiten an Wänden und Decken, der barocke Kaisersaal sowie Schauräume und Salons mit stilvollen Barock- und Rokokoeinrichtungen. Wertvolle Sammlungen künstlerischer Uhren sowie private Waffensammlung der Grafen von Öttingen mit mehreren hundert Einzelstücken. Zugang vom Parkplatz in fünfminütigem Fußweg.

Besichtigungen nur mit Führung zwischen 16. März und 31. Oktober 9 bis 11.30 Uhr und 13.30 bis 17 Uhr, zwischen Mai und August schon ab 8.30 und bis 18 Uhr. Sonn- und feiertags Führungsbeginn 10.30 Uhr. Für größere Gruppen Anmeldungen unter Telefon 0 73 62 / 74 58.
Seiten 30, 31

Bläsiberg, Schloß
7400 Tübingen
Herrenhaus aus dem 17. Jh., mehrstöckiges Gebäude mit Staffelgiebel auf den Fundamenten einer größeren Kapelle von 1435, gut sichtbar auf einem Bergvorsprung oberhalb der B 27 südlich von Tübingen.
Privat bewohnt und nicht öffentlich zugänglich.

Bichishausen, Ruine
7420 Münsingen-Bichishausen
Burg der Herren von Gundelfingen, im 13. Jh. erbaut, im 16. Jh. aufgegeben. Erhalten Schildmauer, mehrstöckige Gebäudeteile und Fundament des Bergfrieds.
Frei zugänglich am Ortsrand.
Seite 59

Blankenstein, Ruine
7423 Gomadingen-Wasserstetten
Bergfried einer Burg aus dem 12. Jh., im 15. Jh. abgegangen. Turmrest aus Buckelquadern mitten im Wald.
Frei zugänglich zu Fuß von Wasserstetten in etwa 45 Minuten.
Seite 58

Brenz, Schloß
7927 Sontheim/ Brenz
Renaissanceschloß von 1672 im Ort. Mehrflügelige, unregelmäßige Anlage mit Zugbrücke, Hallenhof und mehrgeschossigen Laubengängen. Hauptturm im Innenhof mit Pfeilern und Schnecken geschmückt.
In einem Schloßteil das Heimatmuseum, geöffnet von Mai bis Oktober sonntags und feiertags von 10 bis 12 Uhr und 14 bis 16 Uhr. Führungen nach Vereinbarung. Telefon 0 73 25 / 170 oder 17 55. Der übrige Teil des Schlosses ist bewohnt und kann nicht besichtigt werden.
Seite 28

Bronnen, Schloß
7203 Fridingen
Schloß auf schroffer Klippe über der Donau, um 1200 entstanden, im 18. Jh. zum barocken Jagdschlößchen umgebaut.
Zugang zu Fuß vom Donautal (Jägerhaus) oder von Buchheim aus. Bewohnt und nicht zu besichtigen.
Seiten 90, 91

Deutlich heben sich die alten Buckelquaderreste von den neuen Mauern ab. Von Burg Blankenstein, im 15. Jahrhundert zerstört, blieb nur der Bergfriedrest erhalten.

Burgstein, möglicher Burgstall
7414 Lichtenstein-Unterhausen
Stattlicher Fels über Unterhausen, der nach Meinung mancher Forscher eine Burg der Greifensteiner getragen haben könnte (Name unbekannt, keine sichtbaren Spuren). Auf dem nahen Burgholz Reste einer frühmittelalterlichen Ringwallanlage.
Frei zugänglich.

Buttenhausen, Schloß
7420 Münsingen-Buttenhausen
Schloß aus dem 18. Jh. oberhalb des Ortes, privat genutzt und nicht öffentlich zugänglich.
Seite 58

Derneck, Ruine
7427 Hayingen-Münzdorf
Burg der Gundelfinger über dem Lautertal, um 1350 erbaut. Altes Steinhaus als Ruine erhalten, die anschließenden Wirtschaftsgebäude seit 1967 Wanderheim des Schwäbischen Albvereins.
Vom Parkplatz Derneck im Lautertal in 30 Minuten frei zugänglich (dienstags manchmal geschlossen).
Seiten 60, 61

Diepoldsburg oder Rauber, Ruine
7311 Bissingen an der Teck
Kleine Burg aus dem 13. oer 14. Jh., seit dem 16. Jh. verfallen.
Von Bissingen oder Unterlenningen zu Fuß frei zugänglich (1 Stunde).
Seiten 49, 50

Von außen wirkt Schloß Brenz, im Renaissance-Stil errichtet, eher schlicht; sehenswert sind jedoch der Innenhof und das Museum in einem Teil des Schlosses.

Dietfurt, Ruine
7480 Sigmaringen-Dietfurt
Burg aus dem 11. Jh., schon im Mittelalter verfallen. Erhalten mächtiger Bergfried auf einem Felsklotz im Donautal. Wegen Baufälligkeit gesperrt.
Seite 95

Donaueschingen, Schloß
7710 Donaueschingen
Fürstlich Fürstenbergisches Schloß von 1722, 1893/96 umgebaut. Ursprünglich schlichter Zweckbau, später durch Barockelemente belebt. Im Inneren Schauräume (Barock und Rokoko) mit wertvollen Wandteppichen und erlesenen Möbeln aus mehreren Epochen, Porzellan, Kristall und Handschriften. Das Schloß liegt in einem Park nahe der Stadtmitte. Besichtigungen täglich außer dienstags 9 bis 12 Uhr und 14 bis 17 Uhr.
Seiten 83–85

Donzdorf, Stadtschloß
7322 Donzdorf
Renaissanceschloß aus dem 16. Jh. mit altem und neuem Bauteil und zwei kantigen Türmen.
Privat bewohnt oder durch Büros belegt. Hof frei zugänglich, Schloßbesichtigungen nur nach Voranmeldung bei der Rechbergschen Verwaltung, Telefon 0 71 62 / 22 22.
Seiten 17, 18

Donzdorf, Schloß Winzingen
7322 Donzdorf-Winzingen
Dreigeschossiges schlichtes Schlößchen von 1610 direkt am Ortseingang, umgeben von Wirtschaftsgebäuden. Das Schloß ist von der Rechbergschen Forstverwaltung belegt und kann nicht besichtigt werden.
Seite 18

Dotternhausen, Schloß
7461 Dotternhausen
Neugotisches Schloß aus dem 18. Jh.

Links: Von Burg Derneck steht nur noch die Steinhaus genannte Ruine (links). Die ehemaligen Wirtschaftsgebäude wurden in ein Wanderheim umgewandelt.

Ein kleiner Erker, ein massiger Turm – Ehestetten wirkt dennoch mehr wie ein Wohnhaus als ein Schloß. Immerhin stammt die Bausubstanz aus dem 16. Jahrhundert.

in schöner Parkanlage am Ortsanfang, seit 1814 im Besitz des Verlegers Friedrich Freiherr von Cotta und seiner Nachkommen.
Nicht öffentlich zugänglich.

Duttenstein, Schloß

7925 Dischingen-Demmingen
Jagdschloß in ausgedehntem Wildpark, 1564 erbaut und äußerlich renoviert.
Zugang zu Fuß vom Parkplatz Duttenstein in etwa 15 Minuten. Das Schloß ist unbewohnt und kann nicht besichtigt werden.
Seite 29

Ehestetten, Schloß

7427 Hayingen-Ehestetten
Dorfschloß aus dem 16. Jh. mit rundem Turm an einer Ecke. Privat bewohnt und nicht öffentlich zugänglich.
Seite 61

Ehrenfels, Schloß

7427 Hayingen
Barockschloß der Äbte des einstigen Klosters Zwiefalten, erbaut 1735/40; Wirtschaftsgebäude etwas oberhalb des Ursprungs der Zwiefalter Ach.

Das Schloß ist bewohnt und kann nicht besichtigt werden. In der Nähe frei zugänglich die spärlichen Reste von Alt-Ehrenfels (Seite 61 und 63), einer im 13. Jh. erbauten und 1516 abgebrochenen Burg.
Seite 63

Eybach, Schloß

7340 Geislingen/Steige-Eybach
1540 erbautes, von 1760 bis 1770 erneuertes Schloß mit Ornamenten an den Fassaden und im Inneren.
Privat bewohnt, nicht öffentlich zugänglich.
Seite 23

Falkenstein, Ruine

7792 Beuron-Neumühle
Gegründet im 10. Jh., wiederholt umgebaut, seit dem 16. Jh. verfallen. Erhaltene Mauerreste der Wohngebäude und des Turms.
Freier Zugang von Thiergarten aus in knapp einstündiger Wanderung.
Seite 95

Filseck, Schloß

7336 Uhingen
Ursprünglich vierflügeliges Spätrenaissanceschloß aus dem Ende des 16. Jh., ein Flügel aus dem 18. Jh.; bis 1968 bewohnt, 1971 teilweise abgebrannt, der erhaltene Schauflügel zum Tal hin seitdem zunehmend verkommen.
Sanierung und Nutzung für kulturelle Zwecke geplant, bis dahin geschlossen.

Flochberg, Ruine

7085 Bopfingen-Flochberg
1140 erbaute, nach Zerstörung 1330 wieder als mächtige Festung erstellte Burg über Bopfingen. Erhalten Reste von Außenmauern und Fundamenten; lohnende Aussicht auf das Nördlinger Ries.
Frei zugänglich zu Fuß von Flochberg.
Seiten 31, 32

Fridingen, Ifflinger Schloß

7203 Fridingen
Um 1300 erbautes, später teilweise abgebrochenes Schloß der Grafen von Hohenberg in der Stadtmitte. Von

Rechts: Eine imposante Anlage ist Schloß Eybach bei Geislingen, doch wegen privater Nutzung nicht zu besichtigen. Im 18. Jahrhundert erhielt das Schloß sein heutiges Aussehen.

1978 bis 1981 Restaurierung und Umbau. Genutzt als Bibliothek und Heimatmuseum. Geöffnet 1. Mai bis 31. Oktober mittwochs, samstags sowie an Sonn- und Feiertagen 10 bis 12 Uhr und 14 bis 17 Uhr.

Gammertingen, Schloß
7487 Gammertingen
Schloß aus dem 18. Jh., von Michel d'Ixnard im Empire-Stil erbaut; bedeutendes Treppenhaus mit Doppeltreppe, Säulen und Deckengemälde »Helios auf dem Sonnenwagen« von Andreas Brugger. Genutzt als Rathaus.
Seite 81

Gebrochen Gutenstein, Ruine
7480 Sigmaringen-Dietfurt
Schon 1540 verfallene mittelalterliche Burg, Geschichte wenig bekannt. Eindrucksvolle Lage auf Felsenriff. Frei zugänglich zu Fuß von der Bergseite.
Seite 95

Göppingen, Jebenhauser Schloß
7320 Göppingen-Jebenhausen
Renaissanceschloß von 1686 mit weit ausladenden überdachten Erkern an den vier Ecken, dreiteiligem geschweiftem Giebel und reich geschmücktem Pilasterportal. Gelegen in der Ortsmitte.
Privat bewohnt und nicht zu besichtigen.

Göppingen, Stadtschloß
7320 Göppingen
Vierflügeliges Renaissanceschloß aus dem 16. Jh. mit Ecktürmen und Innenhof.
Teilweise von Ämtern belegt und nicht zu besichtigen; Innenhof und berühmte Rebentreppe in einem Treppenturm während der Öffnungszeiten der Behörden zugänglich.
Seiten 15, 16

Göppingen, Storchen
7320 Göppingen, Wühlestraße 36
Um 1536 mit fränkischer Fachwerkfassade erbaut, seit 1949 städtisches Museum mit Stauferhalle.
Besichtigungen dienstags bis freitags 14 bis 17 Uhr, samstags, sonn- und feiertags 10 bis 12 und 14 bs 17 Uhr.
Seiten 16, 17

Grafeneck, Schloß
7423 Gomadingen-Marbach
Schloß aus dem 16. Jh., 1762/72 erheblich erweitert und als Lustschloß der württembergischen Herzöge genutzt, ab 1785 teilweise wieder abgebrochen.
Seit 1929 mit Unterbrechungen Wohnheim für Behinderte, daher nicht öffentlich zugänglich.
Seiten 57, 58

Granegg, Ruine
7201 Egesheim
Schon 1427 als Burgstall, also Ruine, erwähnte Burg im Wald über dem Bäratal, möglicherweise 1377 von den Rottweilern zerstört.
Jüngst gesicherte Reste von Außenmauern und Bergfried frei zugänglich.

Granheim, Schloß
7930 Ehingen-Granheim
Schlichtes Barocklandschloß von 1770 mit Mansarddach, an der Längsseite hervorspringender Giebelfront (Risalit) und säulengetragenem Balkon.
Privat bewohnt, nicht öffentlich zugänglich.

Greifenstein, Ruine
7414 Lichtenstein-Holzelfingen
Doppelburg des Geschlechts der Greifensteiner, um 1187 erbaut, 1311 zerstört. Erhalten sind geringfügige Reste vom Bergfried und Umfassungsmauern.
Von Holzelfingen aus über den Nordrandweg frei zugänglich.

Grüningen, Schloß
7940 Riedlingen-Grüningen
Renaissanceschloß in der Ortsmitte aus dem 16. Jh. mit Treppentürmen und älteren Bauteilen.
Privat bewohnt, nicht öffentlich zugänglich.

Güssenburg, Ruine
7921 Hermaringen
Bescheidene Reste einer Burg aus dem 11. oder 12. Jh., 1448 zerstört. Auf dem Schloßberg oberhalb von Hermaringen gelegen.
Frei zugänglich. Zufahrt ab Sportplatz ausgeschildert.
Seiten 27, 28

Wie Kulissen ragen vereinzelte Mauerreste aus der grünen Wiese: Ruine Flochberg. Lohnend ist von hier vor allem der Weitblick ins Nördlinger Ries.

Gutenstein, Schloß
7480 Sigmaringen-Gutenstein
Klassizistisches Schlößchen aus dem 18. Jh. auf einem Felsen über der Donau.
Privat bewohnt, teilweise Ferienwohnungen, sonst nicht öffentlich zugänglich.
Seite 95

Haigerloch, Schloß
7452 Haigerloch
Residenzschloß der Grafen von Hohenzollern-Haigerloch auf steilem Bergsporn über der Stadt. Um 1200 erbaut, ab 1576 wesentlich erweitert mit Torturm, Fruchtkasten und Zehntscheuer, Obervogtei und Schloßkirche, die später barock ausgestaltet wurde.
In einem Teil ein Schloßhotel, in anderen Gebäuden ein Konzert- und Theatersaal, ein Zentrum für Kongreß, Kreativität und Kommunikation sowie eine private Kunstsammlung im Fruchtkasten (Frühjahr bis Herbst geöffnet).
Schloßhof und -hotel sind frei zugänglich.
Seiten 76–78

Haigerloch, Schlößle
7452 Haigerloch
1413 zum Schutz der Vorstadt gegründet, mit kräftigem Rundturm und sechseckigem Wendeltreppenturm versehen; heute Brauereigaststätte.
Seite 78

Hausen, Ruine
7792 Beuron-Hausen
Erbaut 1020, im 19. Jahrhundert abgebrochen. Freier Zugang vom Wanderparkplatz oberhalb von Hausen in zehn Minuten; sehr eindrucksvolle Aussicht auf den Donaudurchbruch.
Seiten 94, 95

Hechingen, Neues Schloß
7450 Hechingen
Klassizistisches Schloß von 1819 an der Stelle eines älteren Schlosses; genutzt von der Kreissparkasse.
Seite 75

Hechingen, Schloß Lindich
7450 Hechingen
Barockes Schlößchen drei Kilometer außerhalb von Hechingen; 1748 in einem ausgedehnten Park erbaut.
Bewohnt und nicht zu besichtigen.
Seite 75

Helfenstein, Ruine
7340 Geislingen
Um 1100 als Schloß der Grafen von Helfenstein erbaut, ab 1396 als Befestigungsanlage erweitert. Mitte des 16. Jh. geschleift. Innerhalb der Ruine ein Aussichtsturm hoch über Geislingen. In der Nähe, etwas erhöht, der um 1400 erbaute Ödenturm.
Zugang vom Wanderparkplatz an der Weilersteige (etwa zehn Minuten) oder Fußweg vom Hauptbahnhof (etwa 45 Minuten). Ruine Helfenstein frei zugänglich, Führungen durch den Ödenturm nach Voranmeldung beim Verkehrsamt, Postfach 11 62, 7340 Geislingen, Telefon 0 73 31/ 2 42 66.
Seiten 21–23

Hellenstein, Schloß
7920 Heidenheim
Dominierende Schloßanlage über den Dächern der Stadt. Erste Burg von 1100, um 1150 erweitert, von 1593 an zum weitläufigen Schloß und zur Festungsanlage ausgebaut. Im 18. Jh. allmählicher Verfall. Mittelalterliche Burg nur noch Ruine, spätere Bauteile im 19. und 20. Jh. weitgehend wiederhergestellt; Aussichtsbastionen und -turm; besonders beachtenswerte Schloßkirche. Das Schloß beheimatet umfangreiche Sammlungen.
Zufahrt über B 466; Parkplatz am Schloßeingang. Ruine und Schloßanlage frei zugänglich, Museen von Ostern bis Oktober dienstags bis sonntags von 10 bis 12 Uhr und 14 bis 17 Uhr geöffnet.
Seiten 25–27

Herwartstein, Ruine
7923 Königsbronn
Ritterburg aus dem 11. Jh., 1287 zerstört; nur spärliche Reste.
Aufstieg von der Brenzquellstraße

Ob die Radfahrer wegen des schönen Hirrlinger Schlosses eine Pause einlegen, ist nicht rekonstruierbar. In dem Renaissancebau von 1558 ist heute die Gemeindeverwaltung untergebracht.

Eine der vielen Burganlagen im Lautertal ist Hohengundelfingen. Wohl schon 1380 zerstört, wurde die Ruine in diesem Jahrhundert gründlich saniert und damit zugänglich gemacht.

über die Herwartstraße und den Hartweg. Frei zugänglich.
Seite 33

Hiltenburg, Ruine
7342 Bad Ditzenbach
Helfensteiner Burg aus dem 13. Jh., 1516 zerstört. Erhalten Ringmauer und Reste von zwei Bergfrieden.
Frei zugänglich, Aufstieg in etwa 45 Minuten von Bad Ditzenbach aus.
Seite 23

Hirrlingen, Schloß
7401 Hirrlingen
Renaissanceschloß von 1558 in der Ortsmitte mit Treppenturm und klar gegliederten Fassaden. Renoviert und von der Gemeindeverwaltung belegt; während der Dienststunden zugänglich.
Seite 69

Hölnstein, Ruine
7453 Burladingen-Stetten
Burg aus dem 13. bis 14. Jh., seit dem 16. Jh. Ruine. Dreieckige Umfassungsmauer noch bis zu sechs Meter hoch, halbkreisförmiges Tor und Reste des Palas mit Giebelwand und Keller.
Vom Parkplatz in Stetten zu Fuß frei zugänglich.

Hohenerpfingen, Ruine
7419 Sonnenbühl-Erpfingen
Burg aus dem 14. Jh., die möglicherweise noch im selben Jahrhundert

abging. Erhalten der Rest eines sechseckigen Turms.
Freier Zugang von Sonnenbühl-Erpfingen über die Hausener Straße.

Hohengenkingen, Ruine
7411 Sonnenbühl-Genkingen
Spärliche Mauerreste einer mittelalterlichen Ruine, deren Geschichte weitgehend im dunkeln liegt. Frei zugänglich.

Hohengundelfingen, Ruine
7420 Münsingen-Gundelfingen
Hauptsitz der Gundelfinger, um 1180 auf steilem Bergsporn 130 Meter über dem Lautertal erbaut, vermutlich 1380 zerstört. Seit 1939 freigelegt und

saniert. Neben dem Standort senkrecht über dem Tal beeindruckt die Gesamtanlage, die sich über mehrere Ebenen zieht, mit Mauern, Treppen, Fundamenten und einem elf Meter hohen Bergfried mit eindrucksvollen Buckelquadern.
Frei zugänglich vom Parkplatz bei Dürrenstetten in zehn Minuten.
Seite 60

Hohenhundersingen, Ruine
7420 Münsingen-Hundersingen
Ruine mit zierlichem Buckelquader-Bergfried, Aussichtsplattform und Mauerresten aus dem 11. Jh.; im 16. Jh. zerstört.
Freier Zugang vom Parkplatz Hundersingen in rund 20 Minuten.
Seiten 58, 59

Hohenjustingen, Ruine
7933 Schelklingen-Justingen
Mittelalterliche Burg und vierflügeliges Schloß aus dem 16. Jh. auf einer Bergnase im Wald über der Schmiech. Seit 1834 dem Verfall preisgegeben. Von der recht ausgedehnten Anlage sind nur Grundmauern und einige Gewölbe erhalten.
Frei zugänglich von Justingen über den fast ebenen Schloßweg oder Aufstieg aus dem Schmiechtal von Hütten aus.
Seiten 38, 39

Links: Immer noch imponieren die Ruinen der Burg Helfenstein – obwohl sie doch bereits im 16. Jahrhundert geschleift wurde. Vom Wanderparkplatz ist man nach zehn Minuten Fußweg in der Burganlage.

104

Hohenkarpfen, Ruine
7201 Hausen ob Verena
Geringe Reste einer Burg aus dem 12.
Jh. auf einzelstehendem Zeugenberg,
im Dreißigjährigen Krieg zerstört.
Frei zugänglich in einstündigem Fuß-
weg von Hausen aus.
Seiten 86, 87

Hohenlupfen, Ruine
7201 Talheim
Spärliche Reste einer einst gewaltigen
mittelalterlichen Festung, endgültig
zerstört im Dreißigjährigen Krieg.
Seit 1911 frei zugänglicher Aussichtsturm.
Seite 87

Hohenmelchingen, Ruine
7453 Burladingen-Melchingen
Burg aus dem 14. Jh., 1580 schon Ruine. Die 1,20 Meter starke, 240 Meter
lange Umfassungsmauer umschließt
eine große Burganlage mit unterem
und oberem Hof, Palas und weiteren
Gebäuden, teilweise saniert.
Vom Parkplatz im Tal aus frei zugänglich.

Hohenmühringen, Schloß
7240 Horb-Mühringen
Neugotisches Schloß von 1861 mit älteren Bauteilen auf Bergvorsprung
über dem Eyachtal. Wertvolle Schloßkapelle mit Madonna und Malereien
aus der Dürerschule.
Bewohnt und nicht öffentlich zugänglich; Besichtigungen nur nach vorheriger Vereinbarung mit Besitzer Freiherr von Podewils, Telefon 0 74 83 /
289.
Seite 68

Hohenneuffen, Festungsruine
7442 Neuffen
Mächtigste Festungsruine der Schwäbischen Alb auf einem Bergsporn vor
der Albhochfläche. Um 1100 entstanden, im 14. Jh. erneuert und 1543/62
als gewaltige Landesfestung mit mehreren Verteidigungsringen ausgebaut.
Nie im Kampf zerstört, sondern seit
dem 18. Jh. allmählich verfallen und
teilweise abgebrochen.
Frei zugänglich zu Fuß vom Parkplatz

Hofäcker in 30 Minuten. Zu sehen
sind mächtige Bastionen, Außenmauern verschiedener Bauteile, Kasematten und Verliese des ehemaligen Lan-
desgefängnisses. Montags ist der In-
nenteil mit der Burggaststätte geschlossen.
Seiten 44–46

Hohenrechberg, Ruine
7070 Schwäbisch Gmünd-Rechberg
Um 1200 gegründet, im 15. und 16.
Jh. umgebaut, 1865 nach Blitzschlag
abgebrannt. Bauteile und Wehranlagen aus mehreren Epochen teilweise
erhalten.
Zugang vom Ort Rechberg (Parkplatz)
zu Fuß in etwa zehn Minuten. Öffnungszeiten im Sommer 10 bis 18
Uhr, montags Ruhetag.
Seite 17

Hohenschelklingen, Ruine
7933 Schelklingen
30 Meter hoher Bergfried und geringe
Mauerreste einer Burg aus dem 13.
Jh., die seit dem 16. Jh. verfiel.

Schlüssel zum Turm (Aussicht) im
Gasthof Krone, im Sportheim oder im
Naturfreundehaus. Zugang vom Park-
platz Stadthaus auf steilem Weg in 15
Minuten.
Seite 38

Hohenstaufen, Ruine
7320 Göppingen-Hohenstaufen
Hohenstaufer-Stammburg, um 1079
erstmals erbaut und mehrfach erwei-
tert, 1525 im Bauernkrieg zerstört,
1736 fast vollkommen eingeebnet.
Grundmauern freigelegt.
Zugang vom Parkplatz im Ort an der
Reichsdorfstraße, Fußweg (etwa 20
Minuten) über die Kaiserbergsteige.
Ruine frei zugänglich, Führungen auf
Anfrage durch das Verkehrsamt der
Stadt Göppingen, Telefon 0 71 61/
6 52 92.
Seite 15

Hohentübingen, Schloß
7400 Tübingen
Renaissanceschloß aus dem 16. Jh.
über der Stadt. Vierflügelige Anlage

Rechts: Fast sehen sie sich ein bißchen ähnlich, der Kalkfelsen und die spärlichen Mauerreste der Ruine Hornstein. Sie befindet sich unweit von Sigmaringen.

Fröhlich begrünt hat sich im Laufe der Jahrhunderte der Bergfried der einstigen Burg Jungnau. Eindrucksvoll bis heute ist das mächtige Buckelquadermauerwerk.

mit Innenhof, drei erhaltenen mächtigen Türmen an den Ecken, teilweise in Originalzustand renoviert. Besonders beachtenswert ein freistehendes Renaissancetor mit Motiven eines Triumphbogens. In den Kellergewölben großes Faß von 1548 mit 90 000 Liter Fassungsvermögen, 60 Meter tiefer Burgbrunnen und »Femegericht«. Von Universitätsabteilungen und Instituten belegt.

Außenanlage und Innenhof frei zugänglich, Führungen mit Besuch der Gewölbe und des großen Fasses April bis Oktober samstags 17 Uhr, sonntags 11 und 15 Uhr ab unterem Schloßportal. Zugang zu Fuß vom Marktplatz in fünfminütigem Aufstieg.
Seiten 65–67

Hohenurach, Ruine
7432 Bad Urach
Mächtige Festungsruine über Bad Urach, 1235 erstmals erwähnt, ab 1428 erweitert und 1530/56 zur Festung ausgebaut. Nach dem Dreißigjährigen Krieg Staatsgefängnis. 1765 großenteils abgebrochen. Erhalten sind Basteien, Fundamente von Mauern und Befestigungsanlagen, eine Giebelwand, Treppen und Turmansätze.
Frei zugänglich zu Fuß von den Wanderparkplätzen »Hohenurach« und »Wasserfall« im Maisental in 30 bis 40 Minuten.
Seite 42

Hohenwittlingen, Ruine
7432 Bad Urach-Wittlingen
1090 erstmals erbaute Burg über dem Seeburger Tal, später erweitert, 1576 teilweise ausgebrannt. Nach dem Dreißigjährigen Krieg verfallen.
Frei zugänglich vom Parkplatz im Seeburger Tal nach steilem Anstieg oder vom Parkplatz bei Wittlingen auf fast ebenen Wegen.
Seiten 42–44

Hohenzollern, Schloß
7450 Hechingen
Stammschloß der Hohenzollern an Stelle mehrerer Vorgängerburgen auf einem Bergkegel über Hechingen. Von 1850 bis 1856 überwiegend neugotisch mit zahlreichen Türmen und Bastionen erbaut und von einer mächtigen Festungsanlage umgeben. Schauräume mit dreischiffiger Säulenhalle. Stammbaumhalle, Bibliothek, Schatzkammer mit preußischer Königskrone und Marschallstab. In der Kapelle zwei Särge preußischer Könige.
Zugang vom Parkplatz auf halber Höhe in etwa 20 Minuten zu Fuß, Besichtigungen 1. 4. bis 31. 10. von 9 bis 17.30 Uhr, vom 1. 11. bis 31. 3. von 9 bis 16.30 Uhr.
Seiten 71–74

Die Engel mit Wappen sind eines der vielen Stuckfelder im Rittersaal des Deutschritterschlosses Kapfenburg. Die Anlage ist nach Voranmeldung zu besichtigen.

Honberg, Ruine
7200 Tuttlingen
Landesfestung von 1460 über der Stadt, 1645 zerstört. Wiederhergestellt zwei von vier Rundtürmen. Frei zugänglich, Aufstieg in 30 Minuten von der Stadtmitte.
Seiten 85, 86

Hornstein, Ruine
7481 Bingen bei Sigmaringen
Mittelalterliche Burg über der Lauchert, 1873 abgebrochen. Die Ruine ist frei zugänglich.
Seiten 80, 81

Jungnau, Ruine
7480 Sigmaringen-Jungnau
Bergfried einer Burg aus dem 14. Jh. in der Ortsmitte, noch etwa 17 Meter hoch. Turm ist nicht zu betreten.
Seite 81

Kallenberg, Ruine
7203 Fridingen
Burg aus dem 13. Jh. hoch über dem Donaudurchbruch, ab 1800 verfallen. Staufisches Buckelquader-Mauerwerk, Teile der Umfassungsmauern und des Bergfrieds erhalten.
Frei zugänglich in einstündigem Aufstieg vom Donautal oder in halbstündiger Wanderung von der Höhe bei Buchheim.
Seiten 89, 90

Kapfenburg, Deutschritterschloß
7089 Lauchheim
Völlig erhaltenes Schloß des Deutschritterordens; im 18. Jh. stark barockisierte Anlage mit Bauteilen aus dem 12. bis 15. Jh. Im Grombergbau, bei dem Gotik dominiert, sind Bauteile einer Burg aus dem 12. Jh. erhalten.

Westernachbau (Hauptbau) von 1593, Hohenlohebau in Barock von 1718. Vorgelagert zur Bergseite eine schwer einnehmbare Bastei. Untere Burg mit Wirtschaftsgebäuden; die Schloßgebäude umschließen auf mittelalterlichem Grundriß einen kleinen Innenhof. Schloßkapelle mit Sterngewölbe und Bemalung; Rittersaal mit Kreuzgewölbe und Stuckarbeiten.
Parkplatz direkt am Eingang. Schloßanlage frei zugänglich, Restaurant (Ruhetag Montag). Führungen durch die Schauräume und Museum nach vorheriger Anmeldung unter Telefon 0 73 63 / 56 08.
Seiten 32, 33

Katzenstein, Burg
7925 Dischingen-Katzenstein
Musterbeispiel einer mittelalterlichen Burg aus dem 11. bis 13. Jh., Teile 1648 zerstört und danach wiederaufgebaut. Bergfried, mehrere Innenhöfe, romanische Brunnenhalle mit doppeltem Tonnengewölbe und Felsenbrunnen. In der Burgkapelle reichhaltige romanische Fresken, ohne Renovierung erhalten. Rittersaal und Jagdzimmer mit historischen Möbeln.
Zur Zeit keine Besichtigungen.
Seiten 29, 30

Kirchheim, Stadtschloß
7312 Kirchheim/Teck
Ausgedehntes Schloß, Teil der Stadtbefestigung, erbaut ab 1538 als vierflügelige Anlage um einen Innenhof. Später Witwensitz der Herzoginnen von Württemberg. Größtenteils bewohnt oder als Dienträume genutzt. Zu besichtigen sind drei Fürstinnenzimmer mit Originaleinrichtungen aus dem 18. und 19. Jahrhundert. Öffnungszeiten mittwochs und sonntags 14.30 bis 16 Uhr.
Seiten 46, 47

Klingenstein, Schloß
7906 Blaustein
Barockschloß von 1756 mit Schloßkapelle (Eigentümer kath. Kirchengemeinde St. Josef); Privatbesitz der Leube-Stiftung. Nicht zu besichtigen. Oberhalb des Schlosses im Wald Mau-

erreste einer mittelalterlichen Burg.
Seite 39

Kreidenstein, Ruine
7203 Fridingen
Spärliche Reste einer Burg in der Nähe von Ruine Pfannenstiel, Bauzeit und Geschichte unbekannt.
Freier Zugang auf Fußweg vom Bäratal oder vom Reinfelder Hof.

Lauterburg, Ruine
7087 Essingen-Lauterburg
Um 1128 erbaute Höhenburg, im 16. Jh. erweitert, 1732 abgebrannt. Innenbereich wegen Baufälligkeit gesperrt.
Frei zugänglich zu Fuß vom Parkplatz bei der evangelischen Kirche in Lauterburg.
Seite 21

Lautlingen, Schloß Stauffenberg
7470 Albstadt-Lautlingen
Schloß aus der Mitte des 19. Jh., langjähriger Stammsitz der Grafen von Stauffenberg, seit 1970 von Behörden und einer musikhistorischen Sammlung belegt.
Besichtigungen sonntags von 10 bis 12 und von 14 bis 17 Uhr, mittwochs und samstags von 14 bis 17 Uhr.
Seite 76

Lichtenstein, Ruine
7414 Lichtenstein
Burg aus dem 12. Jh., 1310 zerstört; nur spärliche Überreste. Frei zugänglich vom Parkplatz Lichtenstein.
Seiten 54, 55

Lichtenstein, Schloß
7414 Lichtenstein
Romantisches Schloß auf steilem Fels

über dem Echaztal, 1837/42 auf älteren Fundamenten entstanden. Waffenhalle mit Ritterrüstungen, Trinkstube, Schloßkapelle mit Marienbild des Meisters von Lichtenstein und Madonna, Königszimmer mit Ahnensaal und Wappenzimmer.
Zugang vom Parkplatz Lichtenstein in fünf Minuten. Öffnungszeiten vom 1. 4. bis 31. 10. von 8.30 bis 11.45 Uhr und 13 bis 17.45 Uhr, sonntags durchgehend. Vom 1. 11. bis 31. 3. nur samstags und sonntags von 9 bis 12 Uhr und 13 bis 17 Uhr.
Seiten 55–57

Limburg, Ruine
7315 Weilheim/Teck
Zähringerburg aus dem 11. Jh., mehrmals zerstört und wiederaufgebaut, letzte Zerstörung im 15. Jh. Nur spärliche Reste auf markantem Vulkankegel, zu Fuß frei zugänglich.

Lindich, Schloß, siehe Hechingen

Maisenburg, Ruine
7427 Hayingen
Burg aus dem 12. Jh., ab 1820 dem Verfall überlassen. Von der Kernburg erhalten sind Reste der Umfassungsmauern und Schildmauer aus Buckelquadern. Wegen Baufälligkeit gesperrt, Vorburg mit landwirtschaftlichem Betrieb.
Seite 62

Mochental, Schloß
7930 Ehingen-Mochental
Barockschloß (1734) mit prächtigen Deckengemälden und Stukkaturen im Hubertussaal und in der Nikolauskapelle. Vierflügelige Anlage mit Wirtschaftsgebäuden. Das Schloß beher-

Rechts: In Schloß Lautlingen sitzen zwar Behörden und befindet sich eine musikhistorische Sammlung, doch am Mittwoch, Samstag und Sonntag ist es zu besichtigen.

bergt eine Kunstgalerie (Telefon 0 73 75 / 418).
Parkplatz unterhalb des Schlosses oder im Schloßhof. Öffnungszeiten Dienstag bis Freitag von 10 bis 12 Uhr und von 14 bis 17 Uhr, Samstag von 14 bis 17 Uhr, Sonntag von 10 bis 17 Uhr, montags Ruhetag.
Seiten 62, 63

Mühlheim, Schloß
7202 Mühlheim
Um 1200 erbautes, 1470 und 1751 umgebautes, 1986 renoviertes Schloß auf einem Bergsporn über der Donau mit zwei Rundtürmen am Ende der Oberstadt. Bewohnt und nicht zu besichtigen.
Seite 87

Mühlheim, Vorderes Schloß
7202 Mühlheim
Im 19. Jh. erbaut an der Stelle eines früheren Schlosses in der Oberstadt. Zur Zeit Einrichtung eines Heimatmuseums, danach öffentlich zugänglich.
Seite 87

Münsingen, Schloß
7420 Münsingen
Stadtschloß aus dem 14. und 15. Jh.; schlichter, massiver Steinbau, in dem

Schloß Neusteußlingen wurde erst Ende vorigen Jahrhunderts erbaut – daher der eher wohnliche Charakter der Anlage. Früher stand hier ein Schloß des 16. Jahrhunderts.

sich Behörden und das Heimatmuseum befinden. Während der Öffnungszeiten der Behörden zugänglich.
Seite 51

Neufra, Schloß
7940 Riedlingen-Neufra
Renaissance-Schloß mit spätgotischer Kirche und Rentamt, ab 1988 mit »hängenden Gärten«. Seit 1974 zu Eigentumswohnungen umgestaltet; nicht öffentlich zugänglich.

Neusteußlingen, Schloß
7933 Schelklingen-Hütten
Schloß von 1897 auf den Grundmauern eines Schlosses aus dem 16. Jh. über dem Schmiechtal. Privat bewohnt und nicht öffentlich zugänglich.
Seite 39

Niedergundelfingen, Ruine
7420 Münsingen-Gundelfingen
Stammburg der Herren von Gundelfingen. Im 13. Jh. erbaut, bis ins 16. Jh. bewohnt, ab 1810 Verfall. Erhalten Umfassungsmauern, Teile der Wohngebäude mit romanischem Doppelfenster. Frei zugänglich, am Ortsrand gelegen.
Seiten 59, 60

Oberherrlingen, Schloß
7906 Blaustein
Zweigiebeliges Renaissanceschloß von 1588, davor landwirtschaftliche Gebäude. Privatbesitz, nicht öffentlich zugänglich.
Seite 39

Oberstotzingen, Schloß
7908 Niederstotzingen-Oberstotzingen
Renaissanceschloß mit Mansarddach und Türmen von 1608 auf älteren Fundamenten. Seit der Stauferzeit bis 1804 freie Ritterschaft, später im Be-

Von der Ruine Maisenburg aus dem 12. Jahrhundert ist nicht mehr viel erhalten, doch die Vorburg mit ihrem landwirtschaftlichen Betrieb wird nach wie vor genutzt.

Schlicht und zweckmäßig entstand anstelle einer Burg im 16. Jahrhundert das Schloß Ramsberg. Erhalten blieb jedoch das schöne alte Burggewölbe im Keller.

sitz der Grafen von Maldeghem (Niederstotzingen). Im letzten Jahrzehnt an Familie Schmidt verkauft, renoviert und seitdem Schloßhotel und Restaurant; Restaurant- und Hotelgästen zugänglich.

Pfannenstiel, Ruine
7203 Fridingen
Geschichte der Ritterburg unbekannt. Gut zu erkennen sind Fundamente und Befestigungsanlagen. Freier Zugang zu Fuß aus dem Bäratal oder von der Kohlplatte.
Seiten 93, 94

Ramsberg, Schloß
7322 Donzdorf-Ramsberg
Etwa 1260 als Ritterburg über Donzdorf erbaut, um 1525 zerstört und kurz danach als Zweckbau im Renaissancestil wiedererrichtet. Das schlichte Schloß umschließt einen dreieckigen Burghof. Besonders bedeutend: frühgotisches Gewölbe der ersten Burg im Keller.
Zufahrt von der Straße Donzdorf–Reichenbach auf befestigtem, zeitweilig gesperrtem Privatweg, zu Fuß von Reichenbach in etwa 30 Minuten. Privat bewohnt und nur nach Voranmeldung bei Frau Borst, Schloß Ramsberg, Telefon 0 71 62 / 2 13 53, zu besichtigen.
Seiten 18, 19

Rauber, Ruine, siehe Diepoldsburg

Rechtenstein, Ruine
7937 Rechtenstein
Stammsitz der Herren von Stein aus dem 12. Jh., 1816 großenteils abgebrochen. Erhalten Bergfried und Vor-

burg, die bewirtschaftet wird. Burghof frei zugänglich, Bergfried geschlossen.
Seite 62

Reichenstein, Ruine
7930 Lauterach-Reichenstein
Burg aus dem 13. Jh., 1525 zerstört. Bergfried renoviert, aber geschlossen. Ruine frei zugänglich.
Seite 62

Reußenstein, Ruine
7311 Neidlingen
Im 13. Jh. auf steilem Felsen über dem Lindachtal erbaut, ab dem 16. Jh. dem Verfall überlassen, 1966 grundlegend renoviert. Eindrucksvolle Anlage mit Unter- und Oberburg, mehreren Basteien und den erhaltenen Fassaden des fünfgeschossigen Palas. Der Bergfried ist noch etwa 16 Meter hoch, aber nicht begehbar.

Rechts: Schloß Sigmaringen – hier die Stadtfront – weist einen stetigen Besucherstrom auf. Es gibt auch viel zu sehen in den Schauräumen und dem Museum des Schlosses.

Unterhalb der Ruine der Neidlinger Wasserfall. Freier Zugang vom Gasthaus »Reußensteiner Hof« oder vom großen Parkplatz an der Straße Neidlingen–Wiesensteig Abzweigung Schopfloch in jeweils zehnminütigem Fußweg oder Aufstieg vom Parkplatz an der Landesstraße Neidlingen–Wiesensteig im Lindachtal.
Seiten 50, 51

Rosenstein, Ruine
7072 Heubach
Ritterburg aus dem 12. Jh. auf markanter Höhe; im 15. Jh. aufgegeben. Nur geringe Reste, aber prachtvolle Aussicht. Frei zugänglich zu Fuß in 45 Minuten von Heubach aus.
Seite 21

Ruckenschloß, Ruine
7902 Blaubeuren
Spärliche Reste einer 1751 abgebrochenen, größeren Burg, deren Geschichte fast unbekannt ist. Frei zugänglich vom Kinderspielplatz.
Seite 38

Rusenschloß, Ruine
7902 Blaubeuren
Burg aus dem 12. und 13. Jh. auf steiler Klippe. Schon vor dem Dreißigjährigen Krieg teilweise, danach endgültig verfallen und nach 1768 abgebrochen. Frei zugänglich zu Fuß in 20 Minuten von Blaubeuren-Sonderbuch.
Seiten 37, 38

Schalksburg, Ruine
7470 Albstadt-Laufen
Im 13. Jh. erbaute, 1557 abgerissene Burg oberhalb von Laufen. Auf den Fundamenten des Bergfrieds ein Aussichtsturm; die Ruine ist zu Fuß frei zugänglich.
Seite 75

Scharfenschloß, Ruine
7322 Donzdorf
Ritterburg von 1153, im 15. und 16. Jh. zum Wohnschloß umgestaltet, im 19. Jh. durch Blitzschlag beschädigt und seitdem Ruine.
Zufahrt mit dem Wagen von Donzdorf

Mit 26 Meter Höhe wirklich überragend: der Bergfried von Ruine Staufeneck. Die um 1200 errichtete Burg ist im vorigen Jahrhundert teils eingestürzt, teils abgerissen worden.

Richtung Kuchalb bis hinter das Gehöft Scharfenhof, dann zu Fuß in zehnminütigem Aufstieg. Frei zugänglich, Führungen nach Voranmeldung bei Dr. Meyer-Keller, Barbarossastraße 50/52, 7334 Süßen, Telefon 0 71 62 / 1 22 00.
Seite 18

Schenkenstein, Ruine
7085 Bopfingen-Aufhausen
Von der Burg aus dem 13. Jh., die 1525 im Bauernkrieg zerstört wurde, sind noch ein runder Turm sowie Mauerreste sichtbar.
Für Fußgänger frei zugänglich von der Ortsmitte Aufhausen in etwa 15 Minuten.

Schülzburg, Ruine
7427 Hayingen-Anhausen
Doppelruine einer Burg aus dem 14. und eines Schlosses aus dem 16. Jh., 1884 ausgebrannt. Erhalten sind Teile beider Burgen, vor allem des neuen Schlosses bis zum Giebel mit Erkern und Türmen.
Von Anhausen in zehn Minuten erreichbar. Seit 1988 zu öffentlich angeschlagenen Zeiten zugänglich.
Seiten 61, 62

Sigmaringen, Schloß
7480 Sigmaringen
Schloß der Fürsten von Hohenzollern-Sigmaringen. Erstmals 1077 erwähnt, wiederholt um- und ausgebaut, vor allem seit dem 15. Jh. Letzte größere Veränderung zwischen 1862 und 1876. Bauteile aus mehreren Epochen in verschiedenen Stilen.
16 Schauräume mit Gemälden, eindrucksvollen Ausstattungen, Möbeln, Gobelins, einer berühmten Miniaturensammlung und der größten privaten Waffensammlung Europas vom Mittelalter bis zur Gegenwart. Malereien, Plastiken und andere Kunstschätze im Galeriebau.
Zugang von der Stadtmitte; Besichtigungen täglich von 8.30 bis 12 Uhr und von 13 bis 17 Uhr, Dezember und Januar geschlossen.
Seiten 78–80

Sperberseck, Ruine
7436 Römerstein
Spärliche Reste einer Burg aus dem 13. Jh. oberhalb von Gutenberg. Geschichte und Zerstörung unbekannt. Frei zugänglich.

Stahleck, Burgstall
7414 Lichtenstein-Holzelfingen
Einstige Burg, die vermutlich den Greifensteinern gehörte. Zerstörung möglicherweise 1311. Nur ein Graben bezeichnet die Lage, keine Mauerreste. Frei zugänglich.

Staufeneck, Ruine
7335 Salach
Um 1200 erbaute staufische Dienstmannenburg mit 26 Meter hohem Buckelquader-Rundturm hoch über dem Filstal. Im 15. Jh. um Vorburg und ein neues Schloß erweitert. 1826 und 1828 teils abgerissen, teils eingestürzt.
Zufahrt von Salach ausgeschildert. Ruine frei zugänglich.
Seiten 19, 20

Stetten ob Lontal, Schloß
7908 Niederstotzingen-Stetten
Schloß von 1583, nach Teilzerstörung im Dreißigjährigen Krieg wiederher-

Die erst im vorigen Jahrhundert errichtete Bundesfestung Ulm mußte sich niemals in Krieg oder Kampf beweisen. Heute grünen neben Festungsmauern Parkanlagen.

gestellt, mit Ecktürmen, Eckerkern und geschwungenem Giebel. Privat bewohnt, nicht öffentlich zugänglich.

Straßberg, Burg
7473 Straßberg
Burg aus dem 12. Jh. über dem Tal der Schmeie, ab 1800 teilweise verfallen, seit 1967 wieder instand gesetzt. Vor der Burg eine Kirchenruine. Privat bewohnt und nicht öffentlich zugänglich.
Seite 81

Sulzburg, Ruine
7318 Lenningen-Unterlenningen
Talburg aus dem 14. Jh., bis 1780 bewohnt, danach aufgegeben und allmählich verfallen. Erhalten sind Schildmauer sowie die in den letzten Jahrzehnten etwas erhöhten Grundmauern.
Frei zugänglich auf einem Hügel ein wenig oberhalb des Orts.
Seite 46

Taxis, Schloß
7925 Dischingen
Ausgedehnte Schloßanlage der Herren von Taxis oberhalb von Dischingen. Ältester Teil aus dem 13. Jh., ab 1734 zum Schloß in englischer Neugotik erweitert. Zwei Tore führen zum weitläufigen Schloßhof. Privat bewohnt und nicht zu besichtigen.
Seiten 28, 29

Teck, Ruine
7312 Kirchheim/Teck
Um 1150 gegründete Burg der Herzöge von Teck auf einem Zeugenberg vor der Albhochfläche. 1525 im Bauernkrieg zerstört. Seit 1954 Wanderheim des Schwäbischen Albvereins mit charakteristischem (neuem) spitzgiebeligem Turm.
Zu Fuß frei zugänglich von den Parkplätzen »Bölle« oder »Hörnle« oberhalb von Owen in 45 bis 50 Minuten. Dienstags geschlossen.
Seiten 47–49

Trochtelfingen, Schloß
7416 Trochtelfingen
Stadtschloß der Grafen von Werdenberg, spätgotischer Bau von 1470 mit drei Geschossen. Staffelgiebel und Treppenturm. Heute als Schulhaus genutzt und nicht öffentlich zugänglich.
Seite 81

Ulm, Bundesfestung
7900 Ulm
Eine der größten Festungsanlagen Europas von 1841 bis 1859 rund um Ulm und Neu-Ulm. Sie besteht aus über einem Dutzend Forts und Befestigungsbauwerken mit zahlreichen Türmen, Mauern, Kasematten, Caponnieren, Doppelfestungen und Wohnbauwerken sowie Straßen- und Eisenbahntoren.
Teilweise frei zugänglich, teilweise genutzt und nicht zu betreten. Führungen für Gruppen nach Voranmeldung beim Verkehrsbüro Ulm, Telefon 07 31 / 6 41 61.
Seiten 35–37

Urach, Residenzschloß,
siehe Bad Urach

Veringenstadt, Ruine
7484 Veringenstadt
Die Burg auf einem Umlaufberg der Lauchert wurde 1050 erbaut und verfiel ab dem 16. Jh. Nur noch geringe Reste; frei zugänglich.
Seite 81

Vorder- und Hinterlichtenstein
7458 Neufra
Doppelburg über dem Fehlatal, etwa 200 Meter voneinander entfernt, vom Wald eingewachsen. Am Vorderlichtenstein sind eine 15 Meter lange, bis 5 Meter hohe Schildmauer und Turmreste, am Hinterlichtenstein ein 6 Meter hoher, gespaltener Bergfried und Umfassungsmauern erhalten. Besitzer waren die Herren von Lichtenstein (erstmals erwähnt 1182), die zur Familie mit dem bekannten Lichtenstein über dem Echaztal gehörten. Bauzeit, Geschichte und Untergang beider Burgen unbekannt, 1474 wurden sie schon als Burgstall (Ruine) genannt. Frei zugänglich.

Wachendorf, Schloß
7245 Starzach-Wachendorf
Dreistöckiges Schloß in Ortsmitte aus dem 16. Jh. mit Staffelgiebeln und

Rechts: In frischer Pracht zeigt sich das Stadtschloß Wiesensteig. Das Gebäude aus dem 16. Jahrhundert dient nun als Bürgerhaus mit Veranstaltungsräumen.

rundem Turm. Wappengeschmücktes Tor am Zwischenbau.
Das Schloß ist bewohnt und kann nicht besichtigt werden, Schloßhof zugänglich.
Seiten 68, 69

Wagenburg, Ruine
7792 Beuron
Im 13. Jh. erbaute, 1421 schon als Ruine erwähnte Burg hoch über der Donau. Nur geringe Mauerreste, eindrucksvoller Blick auf Donautal und Schloß Werenwag. Nach steilem Anstieg von Hausen aus frei zugänglich.

Wäscherschloß (Wäscherburg)
7328 Wäschenbeuren
Um 1200 erbautes, 1699 umgeändertes Schlößchen mit Wehrmauer, Burghof und Palas; Staufergedächtnisstätte und Museum. Öffnungszeiten auf Anfrage bei P. Kaißer, Tel. 0 71 72 / 62 32.
Seiten 13, 14

Wartenberg, Schloß
7716 Geisingen
Lustschlößchen vom Ende des 18. Jh. auf einem Bergkegel an der Stelle mehrerer Vorgängerburgen. Privat bewohnt, nicht zu besichtigen. Öffentlich zugänglich dagegen der Park am Berghang.
Seite 85

Wartstein, Ruine
7930 Ehingen-Erbstetten
Doppelburg von 1185, 1495 zerstört. Erhalten Schildmauer und Mauerreste im Wald oberhalb der Großen Lau-

ter. Frei zugänglich von Erbstetten in einer Stunde.
Seite 62

Weitenburg, Schloß
7245 Weitenburg
Schloß auf Bergvorsprung über dem Neckar, ältester Teil von 1585; 1660 um zwei Seitenflügel im Renaissance-Stil und 1869 um einen weiteren Flügel in Neugotik erweitert. Seit 1954 Schloßhotel und Restaurant.
Öffentlich zugänglich, Zufahrt von Börstingen oder Ergenzingen aus.
Seiten 67, 68

Weißenstein, Schloß
7329 Lauterstein-Weißenstein
1241 als Wehrburg erbaut, im 15. Jh. als vierflügeliges Schloß mit Staffelgiebeln, Türmen, Erkern und Galerien umgestaltet.
Zugang vom Ort über den Streitbergweg. Das Schloß ist von einem wissenschaftlichen Institut belegt. Besichtigung nur nach Voranmeldung bei Besitzer Manfred Kage, 7329 Lauterstein 2, Telefon 0 73 32 / 63 58.
Seiten 20, 21

Werenwag, Schloß
7792 Beuron
Wahrzeichen des Donautals auf eindrucksvoller Felsenspitze über dem Tal; gegründet um 1100, wiederholt umgebaut und erweitert.
Zugang zu Fuß von Beuron-Langenbrunn im Donautal (eine Stunde Aufstieg) oder vom Wanderparkplatz bei Schwenningen auf der Albhochfläche in 20 Minuten.

Landwirtschaftliche Gebäude hinter dem Schloß von außen zugänglich, das Schloß ist privat bewohnt, auch zum Hof kein öffentlicher Zugang.
Seiten 92, 93

Wildenstein, Burg
7795 Leibertingen
Burg auf steilem, schwer zugänglichem Felsen über der Donau. Ursprünge aus dem 12. Jh., ab 1400 zur Festung ausgebaut. Entstehungsort der berühmten Chronik der Grafen von Zimmern. Seit 1925 bzw. 1974 Jugendherberge.
Innenhof und Burgschenke (montags Ruhetag und Oktober bis Februar geschlossen) für jedermann zugänglich, das Innere der Gebäude nur für Jugendherbergsgäste. Zufahrt über Leibertingen.
Seiten 91, 92

Wiesensteig, Schloß
7346 Wiesensteig
Stadtschloß der Helfensteiner, erbaut 1551/55 als Vierflügelanlage, drei Flügel 1812 abgebrochen. Der erhaltene Fürstenflügel mit Säulenhalle wurde 1986 äußerlich originalgetreu renoviert und wird als Bürgerhaus mit Veranstaltungsräumen genutzt.
Seite 23

Zwiefaltendorf, Schloß
7940 Riedlingen-Zwiefaltendorf
Renaissanceschloß aus dem 16. Jh. an Stelle einer älteren Wasserburg direkt an der Donau. Das Schloß ist bewohnt und kann nicht besichtigt werden.

Zollernschloß
7460 Balingen
1936 in ursprünglicher Form des 15. Jh. erbautes Schloß an der Eyach mit mehrstöckigem Steinsockel und Fachwerküberbau sowie abgesetztem Rundturm auf der Stadtmauer. Genutzt als Heimatmuseum und Waagenmuseum.
Besichtigungen montags, mittwochs und freitags von 14 bis 16 Uhr oder nach Voranmeldung unter 0 74 33 / 17 03 58.
Seiten 75, 76

Links: Friedlich spiegelt sich das Schloß von Zwiefaltendorf in der Donau. Die einstige Wasserburg wurde im 16. Jahrhundert in ein schlichtes Renaissanceschloß umgebaut.

Straßen und Wege zu Burgen, Schlössern und Ruinen der Schwäbischen Alb

Einige der in diesem Band beschriebenen Anlagen und Gebäude sind durch touristische Wege und Straßen miteinander verbunden. Die drei attraktivsten Routen werden nachfolgend vorgestellt.

Der Burgen- und Ruinenweg führt vom Neckarland bis zur Donau quer über das Gebirge der Schwäbischen Alb. Die Strecke ist rund 85 Kilometer lang und kann durch einige Variationen noch erweitert werden. Der Schwäbische Albverein, der 1988 hundert Jahre besteht, hat die Route mit einer stilisierten Burg als Wegzeichen beschildert und in einer handlichen Broschüre beschrieben. Für die Wanderung werden vier Tage vorgeschlagen.

Die erste, 23 Kilometer lange Etappe beginnt in Reutlingen und führt über die Ruinen Achalm, Stahleck und Greifenstein bis unterhalb von Lichtenstein. Am Weg liegen nicht nur diese Ruinen, sondern auch der Burgstein, auf dem einst eine heute vollkommen verschwundene Burg gestanden haben muß.

Höhepunkt des zweiten Tages ist das romantische Schloß Lichtenstein; auch ein Abstecher zur alten Ruine Lichtenstein sowie vom Tagesziel Marbach zum Schloß Grafeneck sind vorgesehen. Die Tagesetappe ist 20 Kilometer lang. Am dritten Tag liegen nicht weniger als ein halbes Dutzend Burgen und Ruinen am Weg beiderseits des Großen Lautertals. Berührt werden die Ruinen Blankenstein, Hundersingen, Bichishausen, Niedergundelfingen, Hohengundelfingen und Derneck. Die Strecke ist etwa 22 Kilometer lang.

Auch am vierten Tag folgt eine Ruine der anderen: Schülzburg, Maisenburg, Wartstein, Monsberg, St. Ruprecht, Reichensstein, Rechtenstein und das Kloster Obermarchtal. An die 20 Kilometer lange Tagesetappe kann noch eine neun Kilometer lange Erweiterung zum Barockkloster Zwiefalten angehängt werden.

Die Broschüre des Schwäbischen Albvereins, die auch über den Buchhandel zu beziehen ist, enthält neben der Streckenbeschreibung auch Übernachtungsmöglichkeiten an den Orten am Weg sowie eine Zusammenstellung der Feuerstellen.

Die Straße der Staufer ist eine der kürzesten touristischen Straßen Deutschlands und mit dem Auto locker an einem Tag zu bewältigen. Sie führt durch das Kerngebiet des einstigen Hohenstaufenreichs. An ihr liegen natürlich die zentralen Burgen und Ruinen des Stauferreichs, also Hohenstaufen, Ruine Staufeneck, Schloß Ramsberg, Ruine Scharfeneck, Ruine Scharfenschloß, Ruine Hohenrechberg und das Wäscherschlößchen.

Weitere Höhepunkte entlang der Straße der Staufer sind die sakralen Bauwerke aus dieser Zeit, also beispielsweise das als Grablege des Kaisergeschlechts geplante Kloster Lorch, die erste staufische Stadtgründung Schwäbisch Gmünd mit der spätromanischen St. Johanniskirche, das ehemalige Kloster Adelberg, die spätromanische Basilika in Göppingen-Faurndau und die nahezu stilrein erhaltene Pfeilerbasilika von Bad Boll.

An der Schwäbischen Albstraße liegt eine beachtliche Zahl von Burgen, Schlössern und Ruinen. Diese – mit jeweils zwei Armen am südwestlichen und nordöstlichen Ende – rund 230 Kilometer lange touristische Route folgt der Schwäbischen Alb größtenteils auf ihrer Hochfläche.

Direkt an der Strecke oder in unmittelbarer Nähe liegen Tuttlingen mit der Burgruine Honberg, Schloß Hohenzollern, Lichtenstein, Bad Urach mit dem Residenzschloß und der mächtigen Festung Hohenurach. Von hier ist auch ein kurzer Abstecher zum nahen Hohenneuffen möglich. Wiesensteig, der letzte Stammsitz der Helfensteiner, Bad Ditzenbach mit der vom württembergischen Herzog zerstörten Hiltenburg, Geislingen an der Steige mit der Ruine Helfenstein sind weitere Etappen an der Schwäbischen Albstraße. Die Hauptroute endet in Heidenheim, das von dem gewaltigen Schloß Hellenstein überragt wird.

Der nordöstliche Zweig der Route führt weiter Richtung Aalen und Königsbronn, der östliche verläuft über das Härtsfeld bis Nördlingen.

Glossar der Fachausdrücke

Ballei: Verwaltungsbezirk des Deutschen Ritterordens.

Barock: Kunstrichtung mit besonders reicher und farbenfroher Ausgestaltung. In Europa ab 1600 führende Stilrichtung, in Südwestdeutschland jedoch erst nach dem Dreißigjährigen Krieg ab etwa 1670 bis Ende des 18. Jh. vorherrschend.

Bastion: Vorspringender Teil des Hauptwalls im Festungsbau, vor allem für die Aufnahme von Kanonen oder Artillerie.

Bergfried: Hauptturm und zentrales Bauelement der mittelalterlichen Burgen, letzte Zuflucht bei Belagerungen.

Buckelquader: Quadersteine an Außenmauern mit gewölbter Mittelfläche. Typisches Architekturmerkmal der Stauferzeit; vermutlich um das Heraufschieben von Sturmleitern zu verhindern.

Burgstall: Bezeichnung einer ehemaligen Burg, von der nichts mehr oder kaum noch etwas vorhanden ist.

Caponniere: Vorspringender Bauteil von Festungen, meist im Inneren mit mehrgeschossigen Kasematten ausgestattet.

Dürnitz: Oft auch Türnitz oder Dirnitz geschrieben. Als Halle erweiterter Wohnraum der Burg, meist einziger heizbarer Raum, in der Regel für die Burgmannschaft.

Erker: Vorbau an Gebäuden, der nur einzelne Stockwerke umfaßt.

Galerie: Beim Schloßbau: erhöht um einen Innenhof oder eine Treppe laufender Gang.

Gobelin: Meist handgewirkter Wandteppich mit kunstvollen Darstellungen.

Gotik: Vorherrschende Stilrichtung zwischen dem 14. und 16. Jh. Merkmale in der Architektur sind hohe Räume, schlanke Mauern und Türme, Spitzbogen, Staffelgiebel.

Halsgraben: Burggraben, der einen Bergvorsprung vom dahinterliegenden Gebirge abtrennt.

Interregnum: »Zwischenregierung« von 1254 bis 1273; weitgehend gesetz- und herrenlose Zeit nach dem Tod des letzten Stauferkaisers bis zur Wahl Rudolfs von Habsburg als Kaiser.

Kasematten: Unterirdische oder durch dicke Mauern oder Erdaufwürfe geschützte Verteidigungsräume im Festungsbau.

Klassizismus: Kunstrichtung des ausgehenden 18. bis Mitte des 19. Jh., bei der antike Kunstformen, besonders Säulen, wiederbelebt wurden.

Komtur: Verwalter eines Bezirks beim Deutschen Ritterorden.

Lehen: Nutznießung einer Burg oder eines Gebiets durch einen Adligen.

Lehensgeber: Besitzer des Lehens, meist stärkerer oder mächtigerer Adliger, Fürst oder König.

Lehensträger: Inhaber eines Lehens.

Mittelalter: Zeitraum zwischen der Völkerwanderung (ab 350) bis zur Entdeckung Amerikas (1492). Gelegentlich wird das Mittelalter auch bis zur Reformation 1517 gerechnet.

Neugotik: Wiederaufnahme des gotischen Baustils im 18. und 19. Jh., ausgehend von England.

Palas: Wohngebäude des Burgherrn, repräsentativster Teil einer Burg.

Palisaden: Befestigungswand aus eingegrabenen, oben zugespitzten Pfählen als Hindernis gegen Feinde.

Pilaster: Flache Wandpfeiler.

Raubritter: Mitglied eines Adelsgeschlechts, das seinen Lebensunterhalt durch Raub und Diebstahl bestritt. Besonders weit verbreitet während des Interregnums nach dem Niedergang der Stauferkaiser.

Renaissance: Stilrichtung zwischen Reformation und Dreißigjährigem Krieg, in Italien schon wesentlich früher. Wörtlich »Wiedergeburt«, Erweckung eines neuen Lebensgefühls, das die strengen Formen der Gotik ablöste. Im Schloßbau charakteristisch Treppentürme, Innenhöfe, Galerien, Denkmäler und Bildnisse.

Ringmauer: Außenmauer um eine Burg oder ein Schloß.

Rokoko: Aus dem Barock hervorgegangene Kunstrichtung aus Frankreich und Italien, bei der die überschwenglichen Barockformen in besonderer Eleganz weiterentwickelt sind.

Romanik: Kunstrichtung des hohen Mittelalters zwischen 1000 und 1250, im Burgenbau vor allem von den Staufern zu höchster Baukunst entwickelt. Charakteristisch sind massive Mauern und Säulen, niedrige Räume, Rundbogen und Buckelquader.

Schildmauer: Äußere, oft geradlinige Mauer bei Burgen, die sich auf einem Bergvorsprung befinden, als Sicherung zur Bergseite hin.

Teucheln: Wasserleitungen aus Holz oder Ton.

Tudorstil: Unter den englischen Königen des Tudorgeschlechts entstandene Richtung der Spätgotik, auch im deutschen Schloßbau verbreitet.

Umwehrung: Äußere Burgmauer.

Vorburg: Gebäude außerhalb der Ring- oder Schildmauer, meist schwächer geschützte Wirtschaftsgebäude.

Zisterne: Unterirdischer Wasserbehälter, in dem Regen- und Schmelzwasser aufgefangen wurde, weil es keine Flüsse oder Quellen zur Wasserversorgung gab.

Zwinger: Raum zwischen äußerer und innerer Mauer einer Burg oder Stadtbefestigung, Falle für eingedrungene Gegner und Platz für die Haltung von Hunden, wilden Tieren oder für Gartenbau.

Literaturliste

Burgen- und Ruinenweg, Schwäbischer Albverein Lichtensteingau, 1983

Butz, Adolf, Die Burgen im südlichen Württemberg, Verlag Fleischauer und Sohn, Stuttgart 1940

Die Zeit der Staufer, Katalog zur Ausstellung, Württembergisches Landesmuseum, Stuttgart 1977

Genzmer, W. (Hrsg.), Die Kunstdenkmäler Hohenzollerns, Stuttgart 1948

Gradmann, Wilhelm, Burgen und Schlösser der Schwäbischen Alb, DRW Verlag, Stuttgart 1983

Rößler, Wilhelm, Naturpark Obere Donau, Konrad Theiss Verlag, Stuttgart 1984

Streng, Hermann, Burgen, Schlösser und Ruinen im Tuttlinger Raum, Stadtverwaltung Tuttlingen, 1976

Uhland, Robert (Hrsg.), 900 Jahre Haus Württemberg, Verlag Kohlhammer, Stuttgart 1984

Wais, Julius, Albführer Band 1 und 2, Schwäbischer Albverein, Stuttgart 1962 und 1971

Waldburg-Wolfegg, Hubert Graf, Vom Nordreich der Hohenstaufen, Verlag Schnell und Steiner, München 1961

Weller, Karl, Weller, Arnold, Württembergische Geschichte im Südwestdeutschen Raum, Konrad Theiss Verlag, Stuttgart 1975

Zimmersche Chronik, Hendel-Verlag, Meersburg–Leipzig, 1932

Bildnachweis

Jürgen Braun, Tübingen (30), Gerd Dörr, Stuttgart (109), Foto Marburg (3), Stadtarchiv Kirchheim unter Teck, Foto Nr. 10069, Luftbild freigegeben vom Regierungspräsidium Stuttgart, Nr. 6-1406 (1)

Grundrisse, Lagepläne: Doris Lewandowski, Hamburg (3)

Übersichtskarte: Studio für Landkartentechnik, Norderstedt

Titel: Burg Lichtenstein, Rücktitel: Schloß Sigmaringen, Foto Seite 3: Burg Katzenstein; Umschlag innen vorn: Marian-Stich Hechingen mit Hohenzollernburg, Umschlag innen hinten: Merian-Stich Hellenstein über Heidenheim

Autor

Gerd Dörr, geboren 1938 in Calw im Schwarzwald, hat sich als Zeitungs- und Zeitschriftenredakteur und später als freier Journalist seit langem auf den Bereich Reise und Touristik konzentriert. Seit Frühjahr 1988 macht er auch die Pressearbeit für den Landesfremdenverkehrsverband Baden-Württemberg. Er kennt viele Reisegebiete – aber ganz besonders gut die seiner baden-württembergischen Heimat.

Impressum

© 1988 für den gesamten Inhalt, soweit nicht anders angegeben, by HB Verlags- und Vertriebs-Gesellschaft mbH. Alsterufer 4, 2000 Hamburg 36, Telefon (040) 41 51–850 Geschäftsführer: Kurt Bortz, Dr. Joachim Dreyer, Erich Förster

Produktion und Redaktion: Harksheider Verlagsgesellschaft mbH, Fabersweg 1, Postfach 52 49, 2000 Norderstedt, Telefon (040) 523 40 75 Redaktion (verantwortlich): Ulrike Klugmann

Nachdruck, auch auszugsweise, nur mit ausdrücklicher Genehmigung des Verlages.

Vertrieb: Pegasus Buch- und Zeitschriften-Vertriebsgesellschaft mbH, Hauptstätter Straße 96, 7000 Stuttgart 1, Telefon (07 11) 6 48 30, Telex 07 22 971 Satz: Lübecker Fotosatz GmbH, Lübeck Reproduktionen: Otterbach Repro GmbH & Co., Rastatt Druck: E. Schwend GmbH & Co. KG, Schwäbisch-Hall Printed in Germany ISBN 3-616-06727-8